열린다 성경

절기 이야기

열린다 성경 절기 이야기

지은이 | 류모세

초판 발행 | 2009년 7월 10일

28쇄 발행 | 2023. 1. 25

등록번호 | 제3-203호

등록된 곳 | 서울특별시 용산구 서빙고동 95번지

발행처 | 사단법인 두란노서원

영업부 | 2078-3333 FAX 080-749-3705

출판부 | 2078-3477

▌책 값은 뒤표지에 있습니다.

ISBN 978-89-531-1193-6

▌편집부에서 독자의 의견을 기다립니다.

tpress@duranno.com   http://www.Duranno.com

열린다 성경

절기 이야기

| 류모세 지음|

두란노

《열린다 성경》'절기 이야기'는 구약의 큰 줄기가 되는 절기에 대해 다룬 의미 있는 책이다. 책을 읽노라면 절기를 지키며 살았던 유대인들의 모습이 드라마처럼 머릿속에 펼쳐진다. 이 책을 통해 구약과 신약이 얼마나 긴밀하게 연결되었는지를 배우게 될 것이다. 성경을 제대로 이해하는 길이 보일 것이다.

문봉주(외교통상부 국내본부 대사)

류모세 선교사의 《열린다 성경》'식물 이야기'와 '광야 이야기', '성전 이야기'에 이어서 '절기 이야기'를 대하게 되어 참 기쁘다. 이스라엘 현지에서 사역하며 공부하는 저자가 갖고 있는 탁월한 현장성과 선교 완성에 대한 뜨거운 사명감, 그리고 성경을 사랑하는 마음이 그의 매력적인 유머감각과 함께 어우러져 읽는 이들에게 말할 수 없는 즐거움과 유익을 준다.

유기성(선한목자교회 담임목사)

성경은 보물 상자이자 진수성찬이 가득한 잔칫상이다.

너무나 귀한 메시지가 가득하고 풍성하고 맛있는 은혜가 그 가운데 있다. 그런데 우리는 성경의 참 메시지와 은혜를 놓칠 때가 많다. 성경이 문화라는 옷을 입고 표현되었는데, 우리가 그 문화를 잘 모르기 때문이다. 우리에겐 익숙하지 않지만, 절기는 성경의 사람들에게는 너무나 익숙했던 영적인 현장이었다. 이것을 알지 못하고는 절대로 아브라함의 순종이나 다윗의 부르짖음을 이해할 수 없다. 절기에 담긴 영적인 내용과 의미들을 이해할 때 성경의 참 메시지를 깨닫게 되고 풍성한 은혜를 경험하게 된다.

《열린다 성경》 '절기 이야기'는 우리에게 감춰진 보물 상자를 열어 보이고 진수성찬의 참맛을 경험하게 할 것이다.

유진소(ANC 온누리교회 담임목사)

✎ 하나님께서 직접 지키라 명령하신 절기의 참된 의미를 알게 되었다. 성경이 오늘날을 살아가는 우리에게 주는 메시지는 무엇인지, 또 우리는 그 메시지에 합당하게 살아가고 있는지를 돌아보는 값진 시간이었다. 이 책을 읽는 모든 독자들이 오늘 우리를 찾아와 위로하시는 주님의 놀라운 사랑과 오늘 수많은 기적을 베푸시는 주님의 역사를 경험하기

를, 그리고 영적인 깊이가 더 깊어지기를 희망한다.

이루마(작곡가 겸 피아니스트)

🔖 21세기를 사는 우리는 성경을 우리 식으로 읽는다. 그런데도 우리의 오류와 잘못조차 알지 못한다. 그런 우리에게 류모세 선교사는 성경의 겉껍질을 지나 마치 게살을 파내듯 숨어 있는 속살을 파내어 맛보게 해준다. '절기'는 구약의 암호이며, 구약을 압축했을 때 요약되는 개념이다. 신약에까지 영적인 화학변화를 일으킨다. 그만큼 중요한 성경 전체의 지표다. 《열린다 성경》'절기 이야기'를 서가에 꽂아 두고 나부터 정독할 생각이다. 김이 모락모락 나는 맛있는 요리를 앞에 두고 있는 기분이다. 군침이 돈다.

이애실(생터성경사역원 대표, 출판사 성경방 대표, 다애교회 사모)

✏️ 저자는 프롤로그에서 "많은 성도들이 성경에도 나오지 않는 크리스마스는 알아도 예수님이 지키신 수전절은 잘 모른다"고 지적하면서 그리스도인들이 1년만 예루살렘에서 지낼 수 있다면 많은 영적 유익을 얻을 수 있을 것이라고 말한

다. 왜냐하면 이스라엘은 1년을 주기로 라이프 사이클이 순환되는데, 그 이스라엘을 기록한 책이 성경이기 때문이다. 따라서 성경을 이해하려면 적어도 이스라엘의 1년을 이해해야 한다. 그러나 저자는 우리가 그럴 수 없는 형편이라는 것도 잘 안다. 그래서 그는 마치 드라마를 제작하는 감독처럼 고증과 현장 검증을 거치고 고유의 해석을 곁들여 성경의 절기 이야기를 한 권의 책으로 흥미진진하게 엮어 놓았다. 우리는 그저 편안하게 잘 차려진 성찬을 즐기기만 하면 된다.

이정숙(횃불트리니티신학대학원대학교 교학처장 및 교회사 교수)

성경의 절기는 예수님의 생애와 그분이 이 땅에 오신 목적을 입체적으로 보여 준다. 예수님은 이스라엘의 생활 문화를 이용해 그 속에 담긴 하나님의 진리를 선포하셨다. 그리고 1년을 주기로 순환되는 절기는 이스라엘의 문화를 이해하는 키포인트다. 절기에 담긴 메시아적 의미를 면밀하게 살피고 조사한 《열린다 성경》'절기 이야기'는 그동안 성경을 읽으며 이해할 수 없어 답답했던 속을 시원하게 해주는 생수와 같은 책이다.

이재훈(양재 온누리교회 담당목사)

차 례

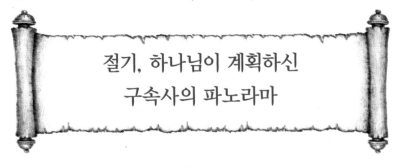

절기, 하나님이 계획하신 구속사의 파노라마

단순한 교리책에 불과한 〈불경〉이나 〈꾸란〉과 달리, 〈성경〉은 2000
년간 이스라엘 민족을 주인공으로 가나안 땅에서 펼쳐졌던 역사를 기록
한 책이다. 그러므로 우리는 성경을 읽을 때 역사 드라마, 즉 〈대조영〉,
〈주몽〉, 〈대장금〉과 같은 대하 드라마의 대본처럼 흥미진진하게 읽을
수 있어야 한다.

한 편의 대하 드라마가 탄생하기까지 전문가들의 역사적 고증이 절대
적으로 필요하다. 마찬가지로 성경 전체를 드라마로 만든다고 할 때, 무
대 설정, 소품과 같은 배경 지식이 절대적으로 필요하다.

《열린다 성경》 시리즈의 4권인 '절기 이야기'는 시간적 배경이 되는 '절
기'와 공간적 배경이 되는 '성전'을 중심으로 요한복음의 스토리를 드라
마 포맷으로 재구성한 것이다. 우리에게 친숙한 요한복음의 본문이 이
같은 배경 이해를 통해 더 생동감 있고 입체적으로 읽혀질 것이다.

특별히 요한복음을 주된 텍스트로 잡은 이유는, '절기'라 하면 흔히 출
애굽기 후반부의 '성막'과 레위기의 '희생제사'를 떠올려 어렵다고 느끼기
때문이다. 성막(또는 성전)과 절기 이야기는 성경에 열심이 있는 성도들만

관심을 갖는 어려운 주제임에 틀림없다. 그러나 이것을 포기해 버리면 성경에서 너무나 중요한 배경을 놓치게 돼 역동적이고 깊이 있는 성경 읽기를 하지 못한다.

많은 성도들이 성경에도 나오지 않는 크리스마스는 알아도 예수님이 지키신 수전절은 잘 모른다.

> 예루살렘에 수전절이 이르니 때는 겨울이라 예수께서 성전 안 솔로몬 행각에서 거니시니 _요 10:22-23

부활절은 알아도 예수님이 죽으신 유월절, 최후의 만찬 자리에서 유월절을 행하며 자신을 기억하라 하신 그 중요한 절기는 알지 못한다.

> 또 떡을 가져 감사 기도 하시고 떼어 그들에게 주시며 이르시되 이것은 너희를 위하여 주는 내 몸이라 너희가 이를 행하여 나를 기념하라 하시고 _눅 22:19

모든 성도들이 이스라엘에서 살 수는 없지만, 1년 정도만 예루살렘에서 보낼 수 있다면 평소 알지 못했던 많은 영적 유익을 얻게 된다. 그러면 왜 굳이 1년일까? 바로 유월절, 오순절, 초막절과 같은 성경의 절기가 1년을 주기로 순환하기 때문이다. 이 절기 사이클을 중심으로 유대인의 삶이 이어지고 있기 때문이며, 이른비와 늦은비로 대표되는 이스라엘의 기후를 알면 말씀 속에 숨겨진 보화들이 저절로 이해되기 때문이다.

그러나 모든 성도들이 이스라엘의 절기와 기후를 체험하기 위해 1년 간이나 생업을 저버릴 수는 없을 것이다. 《열린다 성경》 시리즈 4권인 '절기 이야기'는 마음은 원이로되 상황과 여건이 여의치 않는 성도들의 간절한 바람을 담아 '체험, 성서시대 삶의 현장'으로 인도할 것이다. 성경을 드라마를 보듯 생동감 있고 흥미진진하게 읽을 수 있도록 도와줄 것이다. 아울러 구약과 신약성경이 어떻게 서로 연결되며, 구약에 대한 배경 지식(특별히 레위기)이 신약성경(특별히 사복음서)을 이해하는 데 얼마나 중요한가도 새삼 깨닫게 될 것이다. 이제 '절기'라고 하는 키워드를 타임머신 삼아, 성서시대 유대인들의 삶 속으로 들어가 보자.

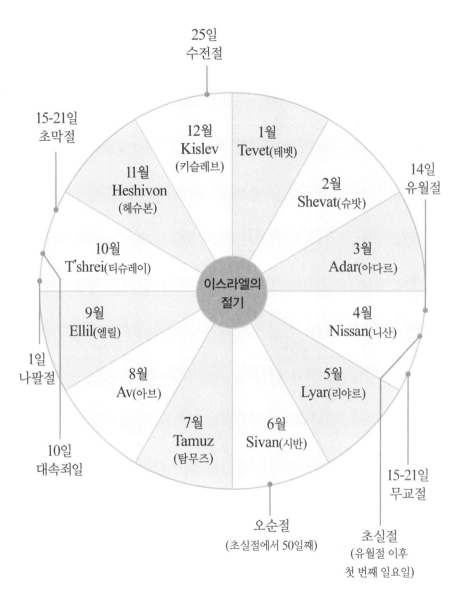

〈 이스라엘의 1년 절기 〉

요한복음을 드라마로 만든다면?

성경의 이해를 돕는 시간적, 공간적 배경

성경은 인류 구원을 향한 하나님의 계획을 계시한 책이다. 그런 면에서 성경은 일반 책들과 달리 매우 종교적이고 영적인 책이라 할 수 있다. 하지만 그 기본적인 콘셉트는 이스라엘 '땅'에서 일어난 이스라엘 민족의 '역사'를 다룬 것이다. 구약성경뿐 아니라 우리가 즐겨 읽는 신약성경의 '사복음서' 역시 성육신하신 예수님의 활동을 담은 역사 기록이다. 그렇다면 성경을 읽을 때 '대하 드라마'의 대본을 읽는 것처럼 재구성하여 읽으면 성경이 더 입체적으로 와 닿지 않을까?

드라마는 수십 또는 수백 개의 장면(scene)으로 이루어져 있다. 또 각각의 장면은 번호가 매겨져 있다. 장면 1, 장면 2, 장면 3……. 드라마 대본은 크게 시간적 배경, 공간적 배경 그리고 주인공들의 대화로 구성되어 있다.

우리에게 너무나 친숙한 요한복음의 몇 장면을 드라마 대본으로 재구성한다면 그 느낌이 어떨까?

장면 1: 초막절과 생수의 강 설교(요 7:1-39)

요한복음 7장의 '생수의 강' 설교는 우리에게 매우 친숙한 말씀이다. 특히 37, 38절은 많은 분들이 암송하고 찬양으로 만들어지기까지 한 유명한 말씀이다.

명절 끝날 곧 큰 날에 예수께서 서서 외쳐 이르시되 누구든지 목마

르거든 내게로 와서 마시라 나를 믿는 자는 성경에 이름과 같이 그 배에서 생수의 강이 흘러나오리라 하시니 _요 7:37-38

이 말씀은 드라마 대본으로 친다면 주인공의 대사에 해당한다. 이스라엘의 TV를 보노라면, 한국은 '드라마 왕국'이라 불릴 만큼 드라마를 잘 만든다는 사실을 실감하게 된다. 수많은 명대사를 낳으며 한류 열풍을 일으킨 몇몇 드라마는 한국뿐 아니라 전 세계 시청자들에게 커다란 감동을 안겨 주고 있다.

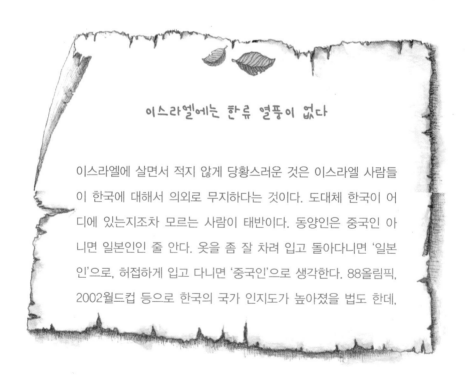

이스라엘에는 한류 열풍이 없다

이스라엘에 살면서 적지 않게 당황스러운 것은 이스라엘 사람들이 한국에 대해서 의외로 무지하다는 것이다. 도대체 한국이 어디에 있는지조차 모르는 사람이 태반이다. 동양인은 중국인 아니면 일본인인 줄 안다. 옷을 좀 잘 차려 입고 돌아다니면 '일본인'으로, 허접하게 입고 다니면 '중국인'으로 생각한다. 88올림픽, 2002월드컵 등으로 한국의 국가 인지도가 높아졌을 법도 한데,

이스라엘에서는 전혀 그렇지 않다.

이들이 한국에 대해서 아는 것은 'South(남한), North(북한)'가 전부인 경우가 많다. 게다가 어느 쪽이 자본국가이고 공산국가인지 모르는 경우가 허다하다.

어디에서나 일류 국가의 시민으로 인정받는 일본인을 보면 부러우면서도 배가 아프지만 어쩔 수 없는 현실이다. 이럴 때 드는 생각이 '한국 드라마가 이스라엘에서도 방영되면 좋을 텐데……' 하는 것이었다. 〈가을동화〉를 시작으로 전 세계에 부는 한류 열풍이 이스라엘에도 상륙한다면 한국을 알리는 데 이보다 더 효과적인 방법이 없을 것 같았다.

다행히 몇 년 전부터 〈대장금〉, 〈내 이름은 김삼순〉 등의 한국 드라마가 이스라엘의 케이블 TV를 통해 방영되고 있다. 하지만 반응은 그다지 신통치 않다. 어떤 분은 한국 드라마가 홍콩, 중국, 대만과 같은 중국 문화권에만 어필한다고 말했지만, 이집트, 이란과 같은 다른 중동 지역에서 한류 열풍은 가히 폭발적이다. 왜 이스라엘에서는 한국 드라마가 통하지 않을까 고민하던 중 이스라엘 친구들과 대화를 나누다가 정답을 찾았다. 바로 이스라엘 사람들은 TV 드라마를 잘 보지 않았던 것이다. 한국도 그렇지만 드라마는 주로 여성들이 많이 본다. 주변 중동 국가에서는 여성들이 대체로 사회 활동을 하지 않지만, 이스라엘은 상황이 다르다. 거의 대부분의 여성들이 직장에 다니며 힘들게 일한다. 맞벌이를 하지 않으면 생활이 어렵기 때문이다.

남녀의 구분 없이 이스라엘 사람들이 주로 보는 것은 뉴스다. 언제 어디서 자살테러니 전쟁이니 하는 소식이 들릴지 알 수 없기 때문이다. 아랍의 적대국들 사이에 끼어 있는 이스라엘로서는 TV 앞에 앉아 한가롭게 드라마를 보는 것은 어떤 의미에서 과분한 사치일지 모른다.

드라마가 잘 각인되는 것처럼 많은 성도들이 요한복음 7장 37-38절의 말씀을 기억하는 것을 보면 이 말씀은 단순한 대사가 아닌 '명대사'임에 틀림 없다. 하지만 우리가 이 명대사와 관련된 시간적 배경과 공간적 배경을 얼마나 알고 있을까? 다음의 몇 가지 질문을 통해 이 본문을 어떻게 드라마로 재구성할 수 있을지에 대한 힌트를 얻을 수 있을 것이다.

이 사건은 '언제' 일어났을까?

우리는 주인공인 예수님의 대사로 곧바로 건너뛰지만 본문은 분명히 이 장면(scene)의 시간적 배경을 언급하고 있다.

유대인의 명절인 초막절이 가까운지라 _요 7:2

갈릴리에서 공생애 사역을 하신 예수님은 유대인들의 명절인 절기가
되면 성전이 있는 예루살렘을 향해 정기적으로 순례 길에 오르셨다. 이
장면은 여러 절기 가운데 초막절(40년 동안의 장막 생활을 기념하기 위한 절기)
에 벌어진 사건이다. 초막절에서도 '명절 끝날'(요 7:37)이라고 구체적인
날짜를 언급하고 있다.

"예수님은 왜 굳이 초막절 끝날에 '생수의 강' 설교를 하셨을까? 초막
절 끝날과 생수의 강 사이에는 무슨 특별한 관계가 있을까?"
"예수님은 왜 목청을 높여 '외치며' 말씀하셨을까? 사람들이 예수님의
말씀을 듣지 않고자 귀를 막기라도 한 것일까?"
"본문의 초막절은 예수님의 3년 공생애 가운데 몇 번째 초막절일까?
초기일까, 아니면 말기일까?"

성경에는 이런 구체적인 부분까지 기록되어 있지 않기 때문에 이를 이
해하려면 초막절, 특히 초막절 마지막 날에 대한 배경 지식이 필요하다.

이 사건은 '어디서' 일어났을까?

예수님은 성전에서 '생수의 강' 설교를 하셨는데, 성전의 어디에서 말
씀하셨을까? 성전의 구조는 매우 복잡하지만 크게 3개의 뜰(court)로 이
루어져 있다. 여인의 뜰, 이스라엘의 뜰, 제사장의 뜰이 그것이다.

본문의 사건은 초막절 끝날에 제사장의 뜰에서 일어났다. 제사장의 뜰
은 제사장 외에는 들어갈 수 없지만, 1년 중 하루, 즉 초막절 끝날에는

이스라엘의 모든 남자들, 심지어 여인과 아이들까지도 들어갈 수 있었다. 그렇다면 우리는 이렇게 물을 수 있다.

"초막절 끝날에 제사장의 뜰에서 무슨 일이 일어난 걸까?"
"초막절 끝날 벌어진 행사와 '생수의 강'은 어떤 관련이 있을까?"

이에 대한 답도 성전의 구조와 절기에 대한 배경 지식을 알아야 구할 수 있다.

장면 2: 초막절과 간음한 여인 사건(요 8:1-20)

간음하다가 현장에서 붙잡힌 여인에 대한 이야기도 주일학교 때부터 들어온 유명한 말씀이다. 그런데 이 말씀이 초막절과 관련된 이야기임을 아는 성도들은 많지 않다. 이 장면에서 가장 중요한 명대사는 10, 11절이다.

> 예수께서 일어나사 여자 외에 아무도 없는 것을 보시고 이르시되 여자여 너를 고발하던 그들이 어디 있느냐 너를 정죄한 자가 없느냐 대답하되 주여 없나이다 예수께서 이르시되 나도 너를 정죄하지 아니하노니 가서 다시는 죄를 범하지 말라 하시니라 _요 8:10-11

이 장면을 드라마로 재구성해 보자.

이 사건은 '언제' 일어났을까?
8장은 초막절 마지막 날에 일어난 사건인 7장과 바로 이어진다.

아침에 다시 성전으로 들어오시니 백성이 다 나아오는지라 앉으사
그들을 가르치시더니 _요 8:2

예수님 당시에 초막절은 성전에서 7일간 지켰는데 본문의 사건은 바로 다음날 아침에 일어났다. 이날도 '쉬미니 아쩨레트'(שמיני עצרת, 초막절 8일)라고 불리는 초막절과 연결된 특별한 절기에 해당한다. 이 절기와 관련된 배경을 알아야 간음한 여인을 정죄하지 않으신 예수님의 말씀이 더욱 생동감 있게 와 닿을 수 있다.

이 사건은 '어디서' 일어났을까?
성경은 간음한 여인과 관련된 사건이 '성전 연보궤(현금함) 앞'에서 일어났다고 기록하고 있다. 하지만 성경을 읽으면서 이런 부분까지 유심히 살펴보는 사람은 그리 많지 않다.

이 말씀은 성전에서 가르치실 때에 헌금함 앞에서 하셨으나 잡는 사람이 없으니 이는 그의 때가 아직 이르지 아니하였음이러라 _요 8:20

성전 연보궤는 성전의 세 뜰 중 여인의 뜰에 있었다. '쉬미니 아쩨레트'라는 절기에 여인의 뜰에서는 독특한 행사가 밤새도록 열렸다. 바로 이런 부분에 대한 지식이 없다면 다음의 질문에 어떻게 대답할 것인가?

"바리새인들이 간음한 여인을 데려왔을 때 예수님은 땅바닥에 무엇을 쓰셨을까? 그냥 시간을 벌기 위해 의미 없는 낙서를 하신 걸까?"

"'너희 중에 죄 없는 자가 돌로 치라'고 했을 때 혈기가 등등한 바리새인들은 왜 양심의 가책을 받고 떠나갔을까?"

🪔 장면 3: 유월절과 오병이어 기적(요 6:1-40)

예수님의 공생애 사역 가운데 첫 번째 기적인 포도주 기적과 함께 가장 유명한 것이 바로 오병이어 기적이다. 이 오병이어 기적에서 가장 유명한 예수님의 명대사는 35절에 나온다.

예수께서 이르시되 나는 생명의 떡이니 내게 오는 자는 결코 주리지 아니할 터이요 나를 믿는 자는 영원히 목마르지 아니하리라 _요 6:35

이 사건은 유대인의 최고 명절인 유월절에 일어났다. 따라서 이 본문 역시 유월절을 중심으로 해석하지 않는다면 중요한 포인트를 놓칠 수밖에 없다.

이 사건은 '언제' 일어났을까?

오병이어 기적이 유월절에 일어났음을 성경은 분명히 언급하고 있다.

마침 유대인의 명절인 유월절이 가까운지라 _요 6:4

오병이어 기적 후에 예수님은 자신을 생명의 떡으로 선포하셨는데, 유월절과 생명의 떡은 무슨 관련이 있을까? 그리고 본문의 유월절은 예수님의 3년 공생애 가운데 몇 번째 유월절일까? 첫 번째 유월절일까, 아니면 십자가 죽음이 임박한 마지막 유월절일까? 이런 부분에 대한 이해는 오병이어 기적을 제대로 이해하기 위한 필수 과정이 아니겠는가?

이 사건은 '어디서' 일어났을까?

오병이어 기적은 디베랴 바다 건너편에서 일어났다.

그 후에 예수께서 디베랴의 갈릴리 바다 건너편으로 가시매 _요 6:1

예수님은 평소 헤롯 안티파스의 영토인 가버나움에서 사역하셨다. 하지만 안티파스가 세례 요한을 참수형에 처하자 동생인 헤롯 빌립의 영토인 '건너편'으로 가셨는데, 그곳은 요단 강을 사이에 끼고 있는 벳새다였다. 동일한 사건을 기록한 마가복음은 그곳의 환경을 특별히 '빈 들'(광야)이라고 묘사하고 있다.

때가 저물어가매 제자들이 예수께 나아와 여짜오되 이곳은 빈 들이
요 날도 저물어가니 _막 6:35

매년 유월절이면 성전이 있는 예루살렘에 올라가셨던 예수님은 왜 이
번 유월절만큼은 갈릴리를 벗어나지 않으셨을까? 예수님은 왜 예루살렘
성전이 아닌 벳새다의 빈 들에서 오병이어 기적을 행하신 걸까?

절기와 성전: 복음서의 시간적, 공간적 배경

절기와 성전에 대한 강의를 한다고 하면 언뜻 어려운 레위기 공부를
떠올린다. 하지만 우리에게 너무나 친숙한 요한복음도 제대로 이해하려
면 절기와 성전에 대한 이해가 필요하다. 복음서에 나오는 예수님의 명대
사 몇 구절을 암송했다고 본문을 제대로 이해했다고 볼 수 없는 것이다.
절기와 성전은 복음서 이야기의 시간적, 공간적 배경이 되는 중요한 요
소다.

드라마 대본이 주인공의 대사만으로 이루어질 수 없듯이, 이러한 배경
들은 직접적으로 드러나지는 않지만 대사들과 합쳐서서 엄청난 시너지
를 낸다. 게다가 스토리에 잘 맞는 배경 음악까지 깔린다면 완전히 몰입
해서 당시의 상황을 이해할 뿐 아니라 공감할 수 있다.

우리는 그동안 성경을 읽으면서 이러한 시간적, 공간적 배경에 많은
관심을 기울이지 못했다. 아마도 이것이 드라마는 한두 번 보고도 내용
을 훤히 기억하지만, 성경은 수십 번 읽어도 덮으면 늘 새로운(?) 이유가
아닐까 싶다.

복음서에서 가장 자주 등장하는 공간적 배경은 크게 세 군데로 볼 수 있다.

첫째는 가버나움, 고라신, 벳새다를 잇는 갈릴리 호수 북쪽의 게네사렛 평야다.

둘째는 베다니와 예루살렘을 오고 가는 길이다.

셋째는 성전이다.

성전은 특히 유대인의 명절인 절기를 따라 예루살렘을 방문하신 예수님의 행적을 제대로 이해하기 위해 반드시 알아야 할 공간적 배경이다. 예루살렘의 성전에서 절기를 따라 행해졌던 독특한 제사법, 그리고 기념 행사들이 있었는데, 이것은 복음서, 특히 예수님의 예루살렘 방문 기록을 주로 담고 있는 요한복음을 이해하기 위한 중요한 배경 지식이 된다.

CHAPTER

이스라엘의 절기는 왜 여호와의 절기인가?

인류 구속의 파노라마

전 세계 모든 민족에게는 저마다 지키는 중요한 절기(명절)들이 있다. 각 민족은 자신들의 역사에서 중요하고 의미 있는 사건들이 일어난 날짜를 기념해서 명절로 지킨다. 우리나라도 1919년 일본 제국주의에 대항해 '대한 독립 만세'를 외친 날을 기념해 '삼일절'로 지키고, 원자폭탄이 떨어져 일본이 패망한 날을 '광복절'로 지킨다. 미국은 독립선언서가 낭독된 날을 '독립기념일'로 지킨다. 이처럼 모든 민족마다 절기가 있다.

🏺 이스라엘의 절기, 어떻게 다를까?

> 이스라엘 자손에게 말하여 이르라 이것이 나의 절기들이니 너희가
> 성회로 공포할 여호와의 절기들이니라 _레 23:2

세계 여러 민족의 절기와 이스라엘 민족의 절기는 분명히 다르다. 이는 단순한 절기가 아니기 때문이다. 성경은 이스라엘 민족의 절기를 가리켜 '여호와의 절기'라고 부른다. 흔히 '절기장'으로 불리는 레위기 23장에는 여호와의 절기로 불리는 이스라엘의 일곱 절기가 나온다. 유월절, 무교절, 초실절, 칠칠절, 나팔절, 대속죄일, 초막절이 그것이다.

그러면 왜 이스라엘의 절기는 여호와의 절기로 불릴까? 다른 민족의 절기와 구별되는 이스라엘 민족의 절기는 어떤 특징이 있을까?

첫째, 이스라엘 민족의 절기는 여호와 하나님이 직접 제정하셨다. 세계

민족의 절기는 민족적 자긍심을 북돋우기 위해 때로 과장이나 미화를 곁들이게 마련이다. 절기를 제정한 주체가 '사람'인 다른 민족의 절기와 달리, 이스라엘 민족의 절기는 하나님이 친히 제정하셨다. 과장이나 꾸밈, 조작이 들어갈 수 없고 여호와 하나님이 특별한 목적 가운데 제정하신 것이다.

둘째, 사건과 절기의 순서가 다르다. 다른 민족의 절기는 사건이 먼저 일어나고 그 사건이 일어난 날짜를 기념해서 절기가 생겼다. 즉 사건이 먼저 일어나고 절기가 생겨난 것이다. 예를 들어, 히로시마와 나가사키에 원자폭탄이 떨어져 해방된 날이 8월 15일이었기에 그날이 광복절이 되었고, '대한 독립 만세'를 3월 1일에 외쳤기에 그날이 삼일절이 된 것이다.

그러나 이스라엘 민족의 절기는 그 순서가 다르다. 먼저 절기가 만들어지고 그 절기에 맞추어서 사건이 발생하였다. 즉 절기가 먼저 제정된 뒤에 사건이 발생한 것이다. 이스라엘 민족의 최대 절기인 유월절을 예로 들면 이해하기 쉽다. 하나님은 애굽 백성을 칠 마지막 장자 재앙이 임할 날짜를 이스라엘 민족에게 미리 알려주셨다. 그리고 장자 재앙을 피할 수 있도록 집집마다 양을 잡아 그 피를 인방과 설주에 바르도록 하셨다. 죽음의 신이 이스라엘의 집을 넘어가도록 하셨고 이를 유월절로 미리 제정하셨다. 그런 다음 장자 재앙이 내려졌다. 먼저 절기를 정하고 그 절기에 맞는 사건을 일으키신 것이다. 사건과 절기의 순서에서 분명한 차이를 볼 수 있지 않은가?

이 달을 너희에게 달의 시작 곧 해의 첫 달이 되게 하고 _출 12:2

너희는 그것을 이렇게 먹을지니 허리에 띠를 띠고 발에 신을 신고 손에 지팡이를 잡고 급히 먹으라 이것이 여호와의 유월절이니라

_출 12:11

너희는 이 날을 기념하여 여호와의 절기를 삼아 영원한 규례로 대대로 지킬지니라 _출 12:14

🫖 '절기'를 가리키는 두 가지 뜻의 히브리어

절기를 가리키는 히브리어는 두 개가 있다.

첫째, '하그'(חג)로, '춤춘다, 순환한다'는 의미다. 매년 예외 없이 절기가 돌아오며 주기적으로 '순환하는' 속성을 두고 불린 명칭이다. 절기는 명절과 축제(feast)의 성격을 띠기 때문에 축제의 기본 요소인 '춤춘다'는 단어가 사용된 것이다.

둘째, '모에드'(מועד)로, '특별하게 정해진 시간'(appointed time)을 가리킨다. 단순하게 흐르는 시간이 아니라 특별한 목적과 계획 가운데 '정해진' 시간을 의미한다. 이러한 '모에드'의 개념이 복음서에 종종 등장한다. 예수님은 하나님이 정하신 절기(모에드)의 타임 스케줄에 맞추어 공생애 사역을 하셨다.

예수께서 이르시되 여자여 나와 무슨 상관이 있나이까 내 때가 아직

이르지 아니하였나이다 _요 2:4

너희는 명절에 올라가라 내 때가 아직 차지 못하였으니 나는 이 명
절에 아직 올라가지 아니하노라 _요 7:8

🏺 이스라엘 민족의 절기, 인류 구속사의 파노라마

하나님이 이르시되 하늘의 궁창에 광명체들이 있어 낮과 밤을 나뉘
게 하고 그것들로 징조와 계절과 날과 해를 이루게 하라 _창 1:14

이스라엘 민족의 절기는 언제 만들어졌을까? 바로 천지창조 넷째 날
에 이미 만들어졌다. 넷째 날 만들어진 징조, 계절, 날, 해 가운데 '계절'이
히브리어 성경에 절기를 가리키는 '모에드'로 되어 있다. 넷째 날 여호와
의 절기가 제정되었고, 같은 날에 창조된 해와 달과 별들이 그것에 맞추
어 운행되었다. 이스라엘 민족의 절기는 그 기원이 하나님께 있다.

하나님은 이미 천지창조 전에 여호와의 절기를 제정하셨고, 그에 맞
추어 인류 구속 역사를 이루어 오셨다. 레위기 23장에 나오는 여호와의
절기 7개는 각각 하나님이 진행하실 '인류 구속사의 파노라마'를 보여
준다.

유월절	그리스도의 죽음
무교절	그리스도와 친교
초실절	그리스도의 부활
칠칠절(오순절)	그리스도와 성령의 임무 교대
나팔절	그리스도의 강림
대속죄일	그리스도의 속죄
초막절	그리스도의 심판

언젠가 절기의 중요성을 강조하며 이야기하고 있는데 한 분이 이런 질문을 했다.

"왜 '은혜'로운 신약 시대에 따분한 구약 시대의 '율법'을 강조하세요?"

이것은 절기에 대한 오해와 무지에서 비롯된 질문이다. 절기 안에는 하나님의 구속의 경륜과 프로그램이 암호화되어 있고, 예수님의 공생애 타임 스케줄도 절기에 맞추어 이루어졌다. 그리스도의 죽으심에서 시작해 심판으로 종결될 구속사의 프로그램은 이미 이루어진 것도 있지만 아직 이루어지지 않은 것도 있다. 유월절부터 칠칠절까지, 즉 그리스도의 십자가 죽음부터 오순절 성령강림까지의 사건은 이미 이루어진 사건들이다. 우리가 사는 시대는 나팔절로 대표되는 그리스도의 강림을 향해 가고 있다. 성경 속에 나타난 절기를 이해함으로써 아직 이루어지지 않은 암호화된 프로그램을 어느 정도 해독할 수 있지 않을까?

CHAPTER

유월절을 두 달력에 맞추신
하나님의 목적은 무엇일까?

이스라엘의 달력

텔아비브의 해변

"이스라엘의 수도는 어디일까요?"라고 물으면 당연히 "예루살렘이오!"라고 대답할 것이다. 그러나 예루살렘은 현대 이스라엘에서 상징적인 수도일 뿐 이스라엘의 정치, 경제, 외교는 주로 텔아비브(Tel Aviv)에서 이뤄진다. 각국의 대사관들이 텔아비브에 몰려 있는 것만 봐도 알 수 있다. 따라서 이스라엘의 정치, 외교적 수도는 텔아비브라고 해도 틀리지 않을 듯싶다.

이스라엘의 최대 도시 역시 예루살렘이 아니라 텔아비브다. 텔아비브는 언덕을 뜻하는 '텔'(תֵּל)과 봄을 뜻하는 '아비브'(אָבִיב)가 합쳐진 복합명사다. 19세기 말에 불어닥친 시오니즘과 함께 유럽의 유대인들이 이주하면서, 성경에 등장하는 고대 도시인 욥바 옆에 건설된 현대 도시가 텔아비브다. 현재는 '텔아비브-욥바 광역시'로 불린다.

이스라엘의 실제적인 행정 수도 역할을 하고 있는 텔아비브와 관련해서, 나는 성도들에게 자주 이런 질문을 던진다.

"텔아비브란 도시가 성경에 나올까요?"

그러면 대부분은 "성경에 나오지 않아요"라고 대답한다. 물론 텔아비브란 도시 이름으로는 나오지 않지만, 그 이름은 분명히 성경에 나온다.

텔아비브와 아빕월

아빕월을 지켜 네 하나님 여호와께 유월절을 행하라 이는 아빕월에 네 하나님 여호와께서 밤에 너를 애굽에서 인도하여 내셨음이라 _신 16:1

아빕월에 익어 가는 보리

절기에 관심이 있는 사람이라면 유월절을 '아빕'월에 지키라는 신명기 말씀을 기억할 것이다. 그러나 아빕월의 '아빕'이 텔아비브의 '아비브'와 같은 단어임을 아는 사람은 그리 많지 않다.

흔히 '봄'으로 번역되는 '아비브'는 사계절이 뚜렷한 한국의 '봄'과는 큰 차이가 있다. 아비브는 보리 추수 직전에 '보리의 줄기가 튼튼해지고 보리알이 한창 익어 가는 시기'를 가리킨다. 또 한국처럼 3개월의 긴 시간이 아니라 불과 3, 4주밖에 되지 않는 짧은 기간이다.

하나님은 이스라엘 백성에게 약속의 땅에 들어가서 유월절을 지키라고 하셨는데, 특별히 아빕월에 유월절을 기념하라고 하셨다. 이는 이스라엘 백성이 애굽에서 나온 때가 보리가 한창 익어 가는 '아비브' 시즌이었기 때문이다.

그때에 보리는 이삭이 나왔고 삼은 꽃이 피었으므로 삼과 보리가 상하였으나 그러나 밀과 쌀보리는 자라지 아니한 고로 상하지 아니하였더라 _출 9:31-32

🏺 니산월과 아빕월은 어떻게 다를까?

성경에는 유월절을 아빕월에 지키라는 말씀도 있지만, 유대 달력으로 첫 달인 니산월에 유월절을 지키라는 말씀도 있어서 혼란스럽게 한다.

첫째 달 열나흘날 저녁은 여호와의 유월절이요 _레 23:5

여기에 나오는 유대 달력의 정월은 '니산' 월을 가리킨다.

아하수에로 왕 제십이년 첫째 달 곧 니산월에 무리가 하만 앞에서 날과 달에 대하여 부르 곧 제비를 뽑아 열두째 달 곧 아달월을 얻은 지라 _에 3:7

건기	우기
4월 Nissan(니산)	10월 T'shrei(티슈레이)
5월 Lyar(리야르)	11월 Heshivon(헤슈본)
6월 Sivan(시반)	12월 Kislev(키슬레브)
7월 Tamuz(탐무즈)	1월 Tevet(테벳)
8월 Av(아브)	2월 Shevat(슈밧)
9월 Ellil(엘릴)	3월 Adar(아달)

아빕월과 니산월은 어떻게 다를까? 유대 달력은 유월절이 있는 4월을 정월로 해서 각각의 달에 해당하는 독특한 이름이 있다. 니산월은 유대 달력으로 첫째 달의 이름이다. 이러한 달력 체계는 바벨론 포로기를 거치면서 바벨론 달력의 영향을 받은 것이다. 여기에는 아빕월이 존재하지 않는다.

이스라엘이 바벨론에 무너지기 전까지 이스라엘의 달력 명칭은 주로 계절과 관련된 것이었다. 예를 들어, 아빕월(4월, 출 13:4, 23:15, 34:18; 신 16:1)은 보리 이삭이 익어 가는 달, 시브월(5월, 왕상 6:1, 37)은 꽃이 만발한 달, 에다님월(10월, 왕상 8:2)은 모든 강물에 물이 가득 차는 달, 불월(11월, 왕상 6:38)은 많은 비가 오는 달 등이 그것이다. 즉 아빕월과 니산월은 각각 4월을 가리키는 포로기 이전과 이후의 달력 명칭이다.

🪔 유월절은 아빕월에 지킬까, 니산월에 지킬까?

성경은 분명히 유월절을 아빕월과 니산월에 지키라고 명령한다. 이것을 알기 위해서는 유대 달력에 대한 배경 지식이 필요하다.

유대 달력은 '달'(moon)을 기준으로 하는 음력을 쓰는데, 한 달은 29.5일이며 1년은 354일이다. 이것은 1년을 365일로 하는 태양력과 매년 11일의 차이를 보인다. 결국 3년이 지나면 33일, 즉 태양력과는 거의 한 달의 차이를 보이게 된다.

하나님이 만약 유월절을 니산월에 지키라는 명령만 주셨다면 어떻게 될까? 유대 달력으로 첫 달인 니산월에 유월절을 지키다 보면, 해(year)가 지나면서 보리가 익는 시기인 아빕월과는 전혀 맞지 않게 된다. 왜냐하면 곡식의 추수는 태양력에 맞추어 이루어지기 때문이다.

그러면 어떻게 아빕월과 니산월을 동시에 충족시킬 수 있을까? 이 문제는 윤달을 추가함으로써 간단히 해결할 수 있다. 3년에 한 번씩 한 달의 차이가 나는 태양력과 맞추기 위해서, 유대 달력은 3년에 한 번씩 윤달을 추가한다. 열두 번째 달인 아달월에 윤달인 '아달2'월을 추가한다. 이렇게 하면 니산월과 보리가 익는 시기인 아빕월이 일치하게 된다.

유월절을 니산월과 아빕월에 동시에 맞추도록 하신 하나님의 목적은 무엇일까?

유월절은 이스라엘 역사에서 가장 중요한 출애굽 사건을 기념하는 절기다. 출애굽의 기적을 일으킨 하나님이 약속의 땅에서도 작물의 수확을 주시는 하나님임을 드러내기 위함이 아닐까 싶다. 과거의 하나님과 현재의 하나님을 연결시키고, 애굽에서의 하나님과 가나안에서의 하나님을 연결시키려는 것이다.

예수님은 왜 유월절에 니고데모에게 거듭남의 진리를 선포하셨을까?

유월절과 거듭남의 관계

니고데모와 대화하는 예수님

유대인의 관원 니고데모 이야기는 주일학교 때부터 들어 온 매우 친숙한 스토리다. 니고데모는 성전에서 행하신 예수님의 비범한 말씀과 행동을 보고, 예수님을 하나님의 사람으로 인정했다. 그리고 남들의 이목을 피해 밤에 예수님을 찾아와 새롭게 부상하는 젊은 랍비에게서 한 수 배우고자 했다.

그가 밤에 예수께 와서 이르되 랍비여 우리가 당신은 하나님께로부터 오신 선생인 줄 아나이다 하나님이 함께하시지 아니하시면 당신이 행하시는 이 표적을 아무도 할 수 없음이니이다 _요 3:2

이런 니고데모에게 예수님은 다짜고짜 '거듭남'의 진리를 선포하신다.

예수께서 대답하여 이르시되 진실로 진실로 네게 이르노니 사람이 거듭나지 아니하면 하나님의 나라를 볼 수 없느니라 _요 3:3

니고데모가 먼저 "어떻게 하면 사람이 거듭날 수 있습니까?"라고 예수님께 상담을 구한 것이 아니다. 예수님이 '거듭남'이란 주제를 가지고 초면인 니고데모와의 대화를 이끌어 가신 것이다. 예수님은 왜 갑자기 '거듭남'이란 주제를 꺼내신 걸까?

🏺 유월절과 거듭남은 무슨 관련이 있을까?

니고데모와 대화하시며 거듭남의 진리를 가르치신 요한복음 3장 3절은 많은 성도들이 암송하는 유명한 말씀이다. 하지만 니고데모와 예수님의 만남의 배경이 유월절 즈음임을 많은 성도들은 놓치고 있다.

> 유대인의 유월절이 가까운지라 예수께서 예루살렘으로 올라가셨더니 _요 2:13

본문 말씀의 시간적 배경은 유월절이다. 유월절이 되자 갈릴리 나사렛에 살았던 예수님은 남쪽 유대 지방에 있는 예루살렘 성전을 방문하셨다. 성전에 들어가신 예수님은 환전상과 장사치들을 물리치고 성전의 부패를 척결하셨다.

북쪽 변방의 갈릴리 출신이며 아직 무명인 랍비 예수님은, 성전을 중심으로 종교적 기득권층과 혈전을 불사하심으로써 상당히 인상적이고 쇼킹한 데뷔를 하셨다. 게다가 표적을 구하는 이들에게 자칫 신성모독죄로 몰릴 수도 있는 위험한 선포를 하셨다.

> 예수께서 대답하여 이르시되 너희가 이 성전을 헐라 내가 사흘 동안에 일으키리라 _요 2:19

이 놀라운 선포는 예루살렘에 살던 1%의 상류층들에게 급속히 퍼져

나갔고, 산헤드린 공회원으로서 1%의 상류층에 속한 니고데모도 그 소식을 들었을 것이다. 이것이 아마도 니고데모의 발길을 예수님에게 향하도록 만든 가장 결정적인 계기일 것이다.

당시 성전을 둘러싼 종교적 부패상은 널리 알려진 사실이었지만, 정치적 실세인 헤롯 가문과 사두개파 제사장들 간의 암묵적 동의를 얻고 이루어진 터라 어느 누구도 감히 지적할 수 없는 금기였다. 이런 성전의 부패상을 어느 누구의 눈치도 보지 않고 담대하게 지적하신 무명의 젊은 랍비 예수에게 니고데모는 순식간에 매료되었을 것이다.

니고데모가 예수님을 찾아온 때는 유월절이 지난 지 며칠 되지 않은 때였다. 유대인들의 최대 명절인 '유월절'과 예수님이 선포하신 '거듭남'은 무슨 관련이 있는 것일까?

유월절은 이스라엘 역사에서 가장 중요했던 출애굽 사건을 기억하는 절기다. 장자들이 죽임을 당하던 서슬 퍼런 그날, 피를 바름으로써 심판을 면한 이스라엘은 감격에 겨웠을 것이다. 출애굽은 이스라엘이 민족적, 그리고 국가적 정체성을 가지고 '새롭게 탄생한'(거듭난) 중요한 이정표가 되는 사건이 아니던가? 애굽에서 흩어져 노예로 살면서 민족적인 정체성을 상실한 이스라엘은 불세출의 지도자 모세의 리더십 아래 애굽을 탈출해 광야 생활 40년을 거치면서 하나의 민족, 하나의 국가로서 정체성을 형성해 나갔다.

고대 국가 이스라엘의 탄생(거듭남)을 기념하는 절기인 유월절에 예수님은 '거듭남'의 진리를 선포하심으로써 니고데모에게 영적인 진리를 한수 가르치고자 하신 것이다. 다른 때가 아닌 '유월절'에 이 말씀을 하심으로 '거듭남'의 진리와 교훈을 더욱 극대화하고자 했을 것이다.

예수님은 이처럼 시간적, 공간적 배경의 적절한 효과를 이용해서 전하고자 하는 메시지를 보다 쉽고 분명하게 드러내셨다.

연자 맷돌을 생산하는 총본산은 가버나움이다. 예수님은 이곳에서 연자 맷돌과 소자를 실족시키는 자에 대한 말씀을 하셨다.

누구든지 나를 믿는 이 작은 자 중 하나를 실족하게 하면 차라리 연자 맷돌이 그 목에 달려서 깊은 바다에 빠뜨려지는 것이 나으니라
_마 18:6

곳곳에 연자 맷돌 공장이 널려 있는 가버나움, 그리고 갈릴리 바닷가에 인접한 가버나움에서 예수님의 이 말씀을 듣는 당시의 청중들은 소자를 실족시켰던 잘못을 떠올리며 등골이 오싹했을 것이다.

한번은 성서 여행 중 가버나움에서 이 말씀을 전하는데, 갑자기 한 목사님이 큰 소리로 회개 기도를 해서 놀란 적이 있다.

"아이고, 하나님! 잘못했습니다."

무슨 일인가 물었더니 내용인즉슨 이랬다. 목사님은 이스라엘에 순례 오시기 전 이 말씀을 가지고 설교를 했는데, '바다에 빠뜨리운다'에서 바다를 '갈릴리 바다'가 아닌 '지중해 바다'로 해석해 설교했다는 것이다. 혹 말씀을 잘못 해석한 자신의 실수로 인해 소자가 실족하지는 않았는지 즉시 회개하신 것이다.

또한 예수님은 2, 3월경 겨자풀이 만발한 갈릴리 바닷가를 거니시면서 하나님 나라에 대한 비유를 말씀하셨다.

> 그러므로 예수께서 이르시되 하나님의 나라가 무엇과 같을까 내가 무엇으로 비교할까 마치 사람이 자기 채소밭에 갖다 심은 겨자씨 한 알 같으니 자라 나무가 되어 공중의 새들이 그 가지에 깃들였느니라 _눅 13:18-19

예수님은 주변에 널린 무대 소품들을 적절히 이용하셨고, 시간적 공간적 배경과 어울리는 설교를 하셨다. 이는 예수님의 말씀을 듣는 1세기 청중들의 눈높이에 맞는 무척이나 쉬운 설교였다. 예수님의 말씀과 비유들은 결코 신학교 박사들만 이해할 수 있는 난해한 퍼즐이 아니었다.

니고데모는 왜 거듭남의 진리를 이해하지 못했을까?

전혀 예상치 못한 거듭남의 진리를 들었지만, 니고데모는 예수님이 말씀하려는 의도를 제대로 파악하지 못했다. 이어지는 그의 동문서답식 질문에서 이를 알 수 있다.

> 니고데모가 이르되 사람이 늙으면 어떻게 날 수 있사옵나이까 두 번

째 모태에 들어갔다가 날 수 있사옵나이까 _요 3:4

니고데모는 왜 거듭남의 진리를 이해하지 못한 것일까? 사실 이 말씀은 우리말 성경에서는 잘 드러나지 않지만 헬라어 원어를 살펴보면 언어의 유희가 숨겨져 있다. '거듭남'에서 사용되는 부사인 헬라어 '아노덴'(ἄνωθεν)은 '다시'(again)와 '위로부터'(from above)를 모두 의미한다. 즉 예수님이 '거듭난다'고 말씀하실 때 이것은 '다시 태어난다'와 '위로부터 태어난다'를 모두 의미할 수 있다.

예수님이 말씀하신 거듭남은 분명 '위로부터' 태어나는 영적인 재탄생을 의미했지만, 니고데모는 '다시' 태어나는 육체적인 재탄생으로 이해했다. 그래서 니고데모는 '다시 엄마 뱃속에 들어갔다 나와야 하는가' 하는 언뜻 보면 뚱딴지 같은 질문을 한 것이다.

니고데모의 말은 우리말로 해석했을 때 동문서답으로 들리지만, 헬라어 원어를 안다면 상황이 달라질 수 있다. 밤에 몰래 찾아와 전혀 예기치 않은 거듭남의 말씀을 들은 니고데모로서는 순간적으로 오해할 소지가 충분히 있었던 표현이었던 것이다. 니고데모는 우리가 쉽게 판단했던 '영적인 바보'가 아니었다.

니고데모, 그 후가 알고 싶다

니고데모와 대화하시는 부분에서 예수님은 거듭남의 진리와 함께 성

46 열린다 성경 _걷기 이야기

경에서 가장 유명한 말씀을 하셨다.

> 하나님이 세상을 이처럼 사랑하사 독생자를 주셨으니 이는 그를 믿
> 는 자마다 멸망하지 않고 영생을 얻게 하려 하심이라 _요 3:16

찬양으로도 불리는 이 말씀은 성경 전체에서 가장 중요하고 또 많은
성도들이 암송하는 말씀이다.

이런 유명한 말씀을 예수님의 육성으로 직접 들은 니고데모는 분명 복
받은 자다. 예수님과의 첫 만남에서 니고데모가 예수님을 믿었는가는 성
경에 구체적인 언급이 없어 알 수가 없다. 그러나 이후에 나오는 복음서
의 이야기를 추적해 가면 니고데모의 점진적인 변화 과정을 확인할 수
있다.

요한복음 7장은 예수님의 공생애 사역 중 마지막 초막절에 있었던 예
루살렘 방문을 기록하고 있다. 예수님은 명절 끝날에 유명한 '생수의 강'
설교를 하셨다.

> 명절 끝날 곧 큰 날에 예수께서 서서 외쳐 이르시되 누구든지 목마
> 르거든 내게로 와서 마시라 나를 믿는 자는 성경에 이름과 같이 그
> 배에서 생수의 강이 흘러나오리라 하시니 _요 7:37-38

이 말씀을 듣고 성전에 있던 무리는 '예수님이 그리스도인가'에 대해 열
띤 논쟁을 하게 되었고, 무리는 이내 두 그룹으로 나뉘었다. 이때 당당히

예수님을 변호하며 수치를 감내하는 니고데모의 모습이 다시 등장한다.

> 그 중의 한 사람 곧 전에 예수께 왔던 니고데모가 그들에게 말하되
> 우리 율법은 사람의 말을 듣고 그 행한 것을 알기 전에 심판하느냐
> _요 7:50-51

이에 바리새인들은 니고데모를 공격한다.

> 그들이 대답하여 이르되 너도 갈릴리에서 왔느냐 찾아보라 갈릴리
> 에서는 선지자가 나지 못하느니라 하였더라 _요 7:52

처음에는 '밤'에 몰래 예수님을 찾아온 니고데모였지만 지금은 '낮'에
공공 장소인 성전에서 예수님을 변호하고 있다. 실로 믿음이 몇 단계 성
장한 모습이 아닌가?
　이후 복음서의 마지막 부분에 니고데모가 다시 등장한다.

> 아리마대 사람 요셉은 예수의 제자나 유대인이 두려워 그것을 숨
> 기더니 이 일 후에 빌라도에게 예수의 시체를 가져가기를 구하매 빌
> 라도가 허락하는지라 이에 가서 예수의 시체를 가져가니라 일찍이
> 예수께 밤에 찾아왔던 니고데모도 몰약과 침향 섞은 것을 백 리트
> 라쯤 가지고 온지라 _요 19:38-39

니고데모는 같은 산헤드린 공회원이면서 비밀스럽게 예수님을 따르던 아리마대 요셉과 함께 십자가에 달려 수치스럽게 돌아가신 예수님의 장례를 치러 드린다.

당시 상당한 고가품이었던 몰약과 침향을 백 근이나 가져온 니고데모의 행동은 그의 믿음이 완성되었음을 잘 보여 준다.

왜 벳새다 '빈 들'에서
오병이어 기적을 행하셨을까?

유월절과 빈 들

사복음서에 모두 기록된 오병이어의 기적은 가나 혼인 잔치에서 물을 포도주로 바꾸신 첫 번째 기적과 함께 가장 잘 알려진 스토리다. 벳새다 지방의 빈 들에서 일어난 오병이어의 기적과 그 후 '생명의 떡'으로 자신을 선포하신 예수님의 말씀은 모두 유월절을 배경으로 하고 있다.

마침 유대인의 명절인 유월절이 가까운지라 _요 6:4

우리는 무심코 놓쳐 버리지만 성경은 분명히 각각의 사건을 기록하기에 앞서 시간적인 배경을 언급하고 있다. 오병이어 기적과 그 속에 담긴 영적인 의미와 교훈들을 전달할 때 유월절을 빼놓고는 진정한 의미가 퇴색될 수밖에 없다.

유일하게 예루살렘에서 보내지 않은 유월절

예수님은 유대인들의 최대 명절인 유월절이 되면 어김없이 예루살렘 성전을 방문하셨다. 하지만 오병이어 기적은 예루살렘이 아닌 갈릴리(디베랴) 바다에서 일어났다.

그 후에 예수께서 디베랴의 갈릴리 바다 건너편으로 가시매 _요 6:1

동일한 사건을 기록한 누가는 갈릴리 바다 건너편이 벳새다였음을 구체적으로 언급하였다.

사도들이 돌아와 자기들이 행한 모든 것을 예수께 여쭈니 데리시고
따로 벳새다라는 고을로 떠나 가셨으나 _눅 9:10

오병이어 기적은 예수님이 공생애 기간 중에 유일하게 예루살렘에서
유월절을 보내지 않은, 상당히 충격적인 내용을 담고 있다. 성서시대 대
부분의 유대인들은 최고의 명절인 유월절에 성전을 방문했고, 예수님도
예외가 아니었다. 특히 공생애 사역을 시작하시면서는 절기마다 성전에
모습을 보이셨다. 그런 예수님이 왜 이번에는 예루살렘으로 내려가시지
않았을까?
　이는 당시의 정치적 상황을 이해하면 해답을 찾을 수 있다. 오병이어
기적을 행하신 그 해에 메시아적 이미지를 가지고 구름 떼와 같은 군중
을 몰고다니던 세례 요한이 헤롯 안티파스에 의해 참수형을 당했다. 세
례 요한이 죽자 그를 따르던 무리는 유일한 대안이었던 예수님에게 일거
에 몰려들었다. 이러한 상황에서 성전을 중심으로 종교적 기득권층이 득
세하는 예루살렘을 방문한다는 것은 사지(死地)로 가는 것과 다름이 없
었다.
　예수님은 유월절에 갈릴리에 머무셨고, 특별히 건너편의 벳새다로 사
역의 본부를 잠시 옮기셨다. 예수님이 주로 사역하던 가버나움은 세례
요한을 죽인 헤롯 안티파스의 영역이다. 당시 로마가 세운 꼭두각시 분
봉왕으로서 갈릴리 지역을 다스리던 헤롯 안티파스는 군중이 몰려다니

헤롯 안티파스의 영역인 가버나움(연두색)과 헤롯 빌립의 영역인 벳새다(보라색)

는 것 자체가 대단히 신경에 거슬렸을 것이다. 정통성이 없는 권력은 예나 지금이나 사람들이 모이는 것을 가장 두려워하게 마련이다.

예수님은 세례 요한을 처형한 헤롯 안티파스의 서슬 퍼런 칼날이 머지 않아 자신을 향해 올 것임을 잘 아셨다. 게다가 세례 요한을 따르던 무리가 그의 참수형과 함께 예수님에게로 몰려들면서, 예수님은 헤롯 안티파스 공안 당국의 '지명수배 1호'에 올랐다. 이러한 헤롯 안티파스의 의도가 누가복음에 분명히 기록되어 있다.

헤롯이 이르되 요한은 내가 목을 베었거늘 이제 이런 일이 들리니 이 사람이 누군가 하며 그를 보고자 하더라 _눅 9:9

'헤롯이 예수를 보고자 했다.' 이 부분을 무심코 읽으면 그 의미를 놓치기 쉽다. 당시는 우리로 말하자면 박정희 대통령 말기의 긴급조치가 발령된 상황으로 보면 이해하기 쉽다. 즉 '지명수배 1호'에 오른 '반체제 인사'를 중앙정보부에서 '보고자 했다'는 것이다. '헤롯이 예수를 보고자 했다'는 말씀은 그러한 살 떨리는 긴박함을 가지고 읽어야 한다.

이러한 급박한 상황에서, 예수님은 갈릴리 바다 건너편 벳새다로 자리를 피하셨다. 벳새다는 헤롯 빌립이 다스리는 지역으로 헤롯 안티파스의 마수가 미치지 못하는 곳이다. 특히 빌립의 아내를 안티파스가 취함으로써 이복형제 사이는 급속도로 소원해진 상황이었다. 세례 요한의 죽음도 안티파스의 불륜적 결혼이 부당함을 지적했다가 빚어진 일이었다. 결국 벳새다는 헤롯 안티파스를 피해 떠나는 예수님에게 최고의 망명지였던 것이다.

전에 헤롯이 그 동생 빌립의 아내 헤로디아의 일로 요한을 잡아 결박하여 옥에 가두었으니 _마 14:3

🏺 벳새다 지역은 과연 '빈 들'인가?

벳새다는 갈릴리 바다로 유입되는 상부 요단 강을 기준으로 동쪽에 자리 잡은 어촌으로, 예수님 당시에는 가버나움과 함께 갈릴리 지역에서 손꼽히는 어촌 중 하나였다. 이곳은 갈릴리 바다 동쪽에 있는 골란 고원으로 올라가는 길목에 있었다.

성경에는 '바산'으로 언급되는 골란 고원은 풍부한 강우량으로 인해 목초지가 많아 성서시대부터 소를 방목하는 곳으로 유명했다. 구약의 아모스 선지자는 북이스라엘의 수도인 사마리아의 부자들을 바산 지역에서 한가하게 풀을 뜯고 살이 찐 '바산의 암소'로 비유하였다.

사마리아의 산에 있는 바산의 암소들아 이 말을 들으라 너희는 힘 없는 자를 학대하며 가난한 자를 압제하며 가장에게 이르기를 술을 가져다가 우리로 마시게 하라 하는도다 _암 4:1

이곳은 헬라어로 '에레모스'(ἐρημος), 우리말로는 '빈 들'로 번역된 황량한 광야와는 거리가 먼 비옥한 목초지였다.

때가 저물어가매 제자들이 예수께 나아와 여짜오되 이곳은 빈 들이요 날도 저물어가니 _막 6:35

그런데 성경의 저자는 왜 이곳을 가리켜 '빈 들'이라고 묘사했을까? 그것은 또 다른 '빈 들'인 시내 광야를 연상시키려는 의도일 것이다. 출애굽 사건을 기억하는 유월절과 '빈 들'로 번역된 광야는 떼려야 뗄 수 없는 관계에 있지 않은가? 유월절 즈음에 벳새다 지역에서 일어난 오병이어 기적을 출애굽 사건을 기억하는 유월절과 연결 짓기 위해 비옥한 목초지를 의도적으로 황량한 '빈 들'로 묘사한 것이다.

🏺 예수님은 왜 자신을 '생명의 떡'으로 선포했을까?

유월절 즈음에 일어난 오병이어 기적을 유월절 사건과 직접적으로 연결시킨 분은 다름 아닌 예수님이다. 예수님은 자신을 '생명의 떡'으로 선포하셨다.

> 예수께서 이르시되 나는 생명의 떡이니 내게 오는 자는 결코 주리지
> 아니할 터이요 나를 믿는 자는 영원히 목마르지 아니하리라 _요 6:35

유월절과 '생명의 떡'은 무슨 관련이 있을까? 이스라엘 백성은 애굽에서 나온 후 곧 황량한 시내 광야로 들어갔다. 그곳에서 무려 40년 동안 장정의 숫자만 60만이 되는 큰 무리가 목숨을 연명해야 했다. 이들이 당면한 가장 큰 문제는 먹을거리였다. 출애굽 이후 이스라엘 백성의 주된 불평도 주로 음식과 관련된 것이었다.

> 이스라엘 자손이 그들에게 이르되 우리가 애굽 땅에서 고기 가마 곁
> 에 앉아 있던 때와 떡을 배불리 먹던 때에 여호와의 손에 죽었더라면
> 좋았을 것을 너희가 이 광야로 우리를 인도해 내어 이 온 회중이 주
> 려 죽게 하는도다 _출 16:3

이때 하나님은 하늘에서 '만나'를 내리심으로 먹을 것을 친히 공급하셨다. 만나는 이스라엘 백성이 광야를 지날 때에만 허락되었고, 약속의

땅에 들어가자마자 공급이 중단된 하늘의 양식이었다.

> 또 그 땅의 소산물을 먹은 다음 날에 만나가 그쳤으니 이스라엘 사
> 람들이 다시는 만나를 얻지 못하였고 그 해에 가나안 땅의 소출을
> 먹었더라 _수 5:12

애굽에서 나온 이후 시내 광야에서 만나를 먹은 일은 이스라엘 민족
이 집단적으로 하나님을 경험한 잊을 수 없는 사건이었다. 예수님은 시내
광야에서 만나를 먹은 것과 벳새다 빈 들(광야)에서 오병이어 기적으로
떡을 먹은 것을 연결시키고 있는 것이다. 이 얼마나 의도적이고 또 절묘
한 연결인가?

> 기록된 바 하늘에서 그들에게 떡을 주어 먹게 하였다 함과 같이 우
> 리 조상들은 광야에서 만나를 먹었나이다 예수께서 이르시되 내가
> 진실로 진실로 너희에게 이르노니 모세가 너희에게 하늘로부터 떡
> 을 준 것이 아니라 내 아버지께서 너희에게 하늘로부터 참 떡을 주시
> 나니 하나님의 떡은 하늘에서 내려 세상에 생명을 주는 것이니라
>
> _요 6:31-33

모세가 광야에서 만나를 준 것같이 예수님은 벳새다 빈 들(실제로는 비
옥한 목초지)에서 오병이어 기적을 통해 백성을 먹이심으로 제2의 모세로
자신을 드러내신 것이다.

CHAPTER

이스라엘은 어떻게 유월절을 준비하나?

북적북적한 유대 최고의 명절 준비

유대인들의 최고 명절인 유월절을 준비하기 위해 성서시대 유대인들은 무척이나 분주했다. 우리나라 사람들이 추석과 설날을 앞두고 일주일이나 한 달 전부터 명절 준비로 분주한 것과 같다. 예수님도 유월절을 준비하기 위해 베드로와 요한을 성 안으로 미리 보내 객실을 준비하게 하셨다.

예수께서 베드로와 요한을 보내시며 이르시되 가서 우리를 위하여 유월절을 준비하여 우리로 먹게 하라 _눅 22:8

성서시대 유월절을 준비하는 풍경 속으로 들어가 유월절 어린양이 되신 예수님의 은혜를 새롭게 묵상해 보자.

구석에 박힌 누룩을 제거하다

유대 달력으로 첫 달인 니산월(4월경) 14일 저녁부터 시작되는 유월절 준비의 가장 하이라이트는 그 전날인 13일 저녁부터 집안 구석구석에 있는 누룩을 제거하는 일이다. '누룩을 제거한다'고 하면 얼른 이해하기 어려울 것이다. 이 말은 누룩이 들어간 빵가루 등을 찾아내서 불에 태우는 것을 뜻한다.

누룩을 제거하는 일은 그야말로 철저함이 요구된다. 성서시대에는 올리브 램프를 밝혀 가며 구석구석에 박힌 누룩을 완벽하게 제거했다. 이렇게 해서 찾아낸 누룩은 일정한 장소에 모아 두었다가 성전에서 보내는 신호에 따라 동시에 태워야 했다. 누룩을 제거한다는 것은 이스라엘을 거룩한 백성으로 부르신 하나님의 뜻에 따라 순전함과 거룩해짐을 상징하는 의식이다.

> 너희가 자랑하는 것이 옳지 아니하도다 적은 누룩이 온 덩어리에 퍼지는 것을 알지 못하느냐 너희는 누룩 없는 자인데 새 덩어리가 되기 위하여 묵은 누룩을 내버리라 우리의 유월절 양 곧 그리스도께서 희생되셨느니라 _고전 5:6-7

아울러 이는 출애굽할 때 누룩으로 반죽이 부푸는 것을 기다리지 못할 정도로 급박하게 애굽을 벗어났던 상황을 떠올리게 한다.

> 그들이 애굽으로부터 가지고 나온 발교되지 못한 반죽으로 무교병을 구웠으니 이는 그들이 애굽에서 쫓겨나므로 지체할 수 없었음이며 아무 양식도 준비하지 못하였음이었더라 _출 12:39

유월절 전야에 이스라엘의 온 집안이 올리브 램프의 불을 밝혀 누룩을 찾아내는 의식을 이해하고 나면 스바냐 선지자의 말씀이 와 닿게 된다.

> 그때에 내가 예루살렘에서 찌꺼기같이 가라앉아서 마음속에 스스로 이르기를 여호와께서는 복도 내리지 아니하시며 화도 내리지 아니

하시리라 하는 자를 등불로 두루 찾아 벌하리니 _습 1:12

니산월 14일 아침이 되면 성전에서는 사람이 잘 보이는 곳에 두 개의 진설병을 가지런히 놓는다. 이중 하나를 치우면 이때부터 누룩이 들어간 음식을 먹지 말라는 신호다. 이후 남아 있는 진설병마저 치우면 집 안에 모아 둔 누룩을 일제히 불태우라는 신호다.

니산월 15일부터 21일까지 이어지는 무교절은 누룩이 들어가지 않은 무교병만을 먹는 절기다. 이 기간 동안 이스라엘의 모든 슈퍼마켓은 제빵 코너가 폐쇄된다. 이때에만 나오는 '마짜'(מצא)로 불리는 무교병으로 식사를 대신한다.

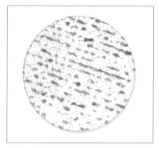

마짜

이틀이 지나면 유월절과 무교절이라 대제사장들과 서기관들이 예수를 흉계로 잡아 죽일 방도를 구하며 이르되 민란이 날까 하노니 명절에는 하지 말자 하더라 예수께서 베다니 나병환자 시몬의 집에서 식사하실 때에 한 여자가 매우 값진 향유 곧 순전한 나드 한 옥합을 가지고 와서 그 옥합을 깨뜨려 예수의 머리에 부으니 _막 14:1-3

유월절을 이틀 앞둔 상황에서 예수님은 베다니에 있는 나병환자 시몬의 집에서 식사하셨다. 저마다 유월절 준비를 위해 육신의 정결과 누룩 제거에 온 정신을 쏟고 있을 때 예수님은 부정한 나병환자의 집을 찾아 함께 식사를 하셨다. 누룩을 제거하면서 출애굽의 역사를 기념하는 유월절이 임박했을 때 예수님은 기쁨의 절기에서 소외된 나병환자를 심방하신 것이다.

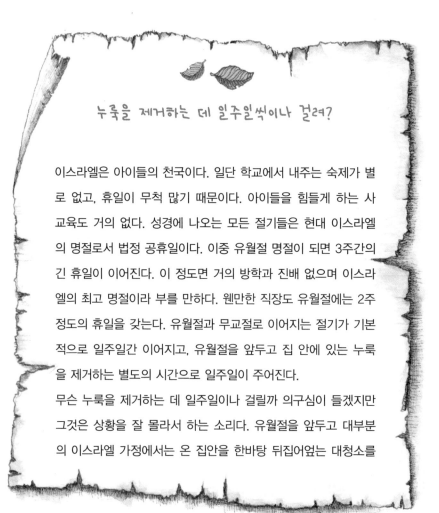

누룩을 제거하는 데 일주일씩이나 걸려?

이스라엘은 아이들의 천국이다. 일단 학교에서 내주는 숙제가 별로 없고, 휴일이 무척 많기 때문이다. 아이들을 힘들게 하는 사교육도 거의 없다. 성경에 나오는 모든 절기들은 현대 이스라엘의 명절로서 법정 공휴일이다. 이중 유월절 명절이 되면 3주간의 긴 휴일이 이어진다. 이 정도면 거의 방학과 진배 없으며 이스라엘의 최고 명절이라 부를 만하다. 웬만한 직장도 유월절에는 2주 정도의 휴일을 갖는다. 유월절과 무교절로 이어지는 절기가 기본적으로 일주일간 이어지고, 유월절을 앞두고 집 안에 있는 누룩을 제거하는 별도의 시간으로 일주일이 주어진다.

무슨 누룩을 제거하는 데 일주일이나 걸릴까 의구심이 들겠지만 그것은 상황을 잘 몰라서 하는 소리다. 유월절을 앞두고 대부분의 이스라엘 가정에서는 온 집안을 한바탕 뒤집어엎는 대청소를 한다. 일단 물에 들어가서 부풀려지는 곡물은 모두 제거해야 한다. 평소 아침 식사 대용으로 먹는 켈로그 시리얼 조각도 구석구석을 뒤져서 찾아내야 한다. 소파, 장롱 등도 자리를 옮겨 가며 구석구석에 있는 누룩을 눈에 불을 켜고 찾아낸다. 바쁜 현대 유대인들을 위해 이러한 누룩 제거를 대행해 주는 회사도 있다. 이 정도의 집안 대청소 작업이라면 충분히 일주일이 걸리지 않겠는가?

집안 대청소가 행해지는 유월절이 되면 많은 가구들이 길거리에 버려지는데 그중에는 쓸 만한 것이 많다. 유대인들이 가구를 바꾸는 기간도 이 즈음이다. 대청소를 하는 김에 아예 새 가구를 장만하는 것이다. 이때 이스라엘에 사는 가난한 한국 유학생들은 민망하게 보일 수도 있지만, 동네를 다니며 쓸 만한 가구들을 주워다가 새 가구(?)를 장만하곤 한다. 가끔 새것과 진배없는 가구를 주우면 졸지에 횡재를 한 것이다.

🪔 회칠한 무덤은 무엇일까?

유월절 한 달 전(아달월 15일)부터 성전은 전국에서 몰려드는 순례자들을 맞이하는 준비에 들어간다. 성전에서 파견된 사람들은 순례자들이 예루살렘 성전을 향해 올라오는 모든 길들을 보수한다. 이것은 오늘날의 '도로 보수'와는 다른 개념이다. 성서시대의 가난한 자들은 땅을 대충 파서 시체를 묻었는데, 석회암으로 이루어진 유대 산지는 흙을 조금만 파도 석회암 바위가 나오기 때문에 깊이 팔 수가 없었다. 이들의 무덤은 아무런 표시가 없는 '평토장한 무덤'(unmarked grave)이었고 깊이 파서 묻지 않았기 때문에 때로 뼈들이 밖으로 튀어나오기도 했다. 순례자들의 몸이 무심코 무덤이나 시체에 닿았다가는 레위기적으로 일주일 동안 부정하게 되고, 그런 상태로는 성전에 들어갈 수 없었다. 성전 파견단은 순례자들이 다니는 길에서 이러한 평토장한 무덤을 찾아 회칠로 표시하는 일을 했다. 순례자들은 이 표시를 보고 길을 우회해서 갔는데, 그렇게 함으로써 시체 접촉으로 인한 부정을 피할 수 있었다.

예수님은 유월절에 돌아가시기 마지막 주간을 성전에서 힘 있게 가르치셨다. 때로 서기관들이나 바리새인들과 열띤 설전을 벌이기도 하셨는데, 예수님은 외식하는 이들을 가리켜 '회칠한 무덤'이라고 비유하셨다. 참으로 시의적절하며 촌철살인의 풍자가 아닐 수 없다.

> 화 있을진저 외식하는 서기관들과 바리새인들이여 회칠한 무덤 같
> 으니 겉으로는 아름답게 보이나 그 안에는 죽은 사람의 뼈와 모든
> 더러운 것이 가득하도다 _마 23:27

평토장한 무덤에 회칠하는 성전 파견단

화 있을진저 너희여 너희는 평토장한 무덤 같아서 그 위를 밟는 사
람이 알지 못하느니라 _눅 11:44

🪔 정결한 물이란 무엇인가?

유월절 행사 가운데 신비한 의식은 붉은 암송아지를 태워 정결케 하는
물을 만드는 것이었다. 정결케 하는 물을 만드는 레시피(recipe)는 민수기
19장에 잘 나온다.

여호와께서 명령하시는 법의 율례를 이제 이르노니 이스라엘 자손
에게 일러서 온전하여 흠이 없고 아직 멍에 메지 아니한 붉은 암송
아지를 네게로 끌어오게 하고 너는 그것을 제사장 엘르아살에게 줄
것이요 그는 그것을 진영 밖으로 끌어내어서 자기 목전에서 잡게 할
것이며 제사장 엘르아살은 손가락에 그 피를 찍고 그 피를 회막 앞
을 향하여 일곱 번 뿌리고 그 암소를 자기 목전에서 불사르게 하되
그 가죽과 고기와 피와 똥을 불사르게 하고 동시에 제사장은 백향
목과 우슬초와 홍색 실을 가져다가 암송아지를 사르는 불 가운데
에 던질 것이며 제사장은 자기의 옷을 빨고 물로 몸을 씻은 후에 진
영에 들어갈 것이라 그는 저녁까지 부정하리라 _민 19:2-7

예루살렘 성전의 동쪽에 있는 감람산에서 행해졌던 붉은 암송아지 제

감람산 정상에서 드리던 붉은 암송아지 제사

사를 통해 만들어진 정결케 하는 물의 용도는 말 그대로 시체 접촉으로 인해 부정하게 된 사람을 정결케 하는 것이다. 성전 파견단이 순례자들이 다니는 길목에 있는 무덤들에 회칠을 하고 표시를 해 두었지만 이를 보지 못하고 무심코 무덤을 지나는 경우도 있었다. 이 경우 7일 동안 부정해져서 성전에 들어갈 수 없게 된다. 이때 붉은 암송아지를 태운 재로 만든 정결케 하는 물을 뿌리면 7일을 기다릴 필요 없이 즉시 정결해질 수 있었다.

> 사람의 시체를 만진 자는 이레 동안 부정하리니 그는 셋째 날과 일곱째 날에 잿물로 자신을 정결하게 할 것이라 그리하면 정하려니와 셋째 날과 일곱째 날에 자신을 정결하게 하지 아니하면 그냥 부정하니 _민 19:11-12

히브리서 기자가 언급한 '암송아지의 재'는 바로 정결케 하는 물을 가리킨다.

> 염소와 황소의 피와 및 암송아지의 재를 부정한 자에게 뿌려 그 육체를 정결하게 하여 거룩하게 하거든 하물며 영원하신 성령으로 말미암아 흠 없는 자기를 하나님께 드린 그리스도의 피가 어찌 너희 양심을 죽은 행실에서 깨끗하게 하고 살아 계신 하나님을 섬기게 하지 못하겠느냐 _히 9:13-14

정결케 하는 물은 우슬초 가지를 묶어서 부정한 자에게 뿌렸는데, 다윗이 밧세바를 범한 후에 드린 회개의 기도문 속에 이와 관련된 표현이 나온다.

> 우슬초로 나를 정결하게 하소서 내가 정하리이다 나의 죄를 씻어 주소서 내가 눈보다 희리이다 _시 51:7

남은 재는 다음해에도 쓸 수 있었는데, 이 행사는 50-60년을 주기로 행해졌고, 이스라엘 역사에서 모두 12회 실시됐다고 한다.

🏺 집 안의 그릇을 정결케 하다

유월절에는 집 안에 있는 모든 그릇을 정결케 하는 의식을 갖는다. 돌그릇과 놋그릇은 정결탕에 가져가서 씻기만 하면 되지만, 흙으로 만든 질그릇은 부정해지면 깨뜨려 버려야 했다. 정결한 새 질그릇은 예루살렘 서쪽에 있는 '모디인'이라는 마을에서 주로 판매했는데, 제사장 가문이 많이 사는 모디인의 질그릇은 특별히 정결한 것으로 여겨졌기 때문이다.

> 거기에 유대인의 정결 예식을 따라 두세 통 드는 돌항아리 여섯이 놓였는지라 _요 2:6

가나 혼인잔치의 연회장 밖에는 유대인의 결례를 따라 돌항아리 6개에 물이 채워져 있었다. 돌항아리를 놓아 둔 것은 부정해지더라도 정결탕에서 깨끗하게 씻으면 재활용할 수 있었기 때문이다. 흙으로 만든 항아리를 둘 수도 있지만, 그럴 경우 부정해지면 매번 깨뜨려 버려야 했다. 그러면 항아리 값으로 가산을 탕진할 수도 있었을 것이다.

🫖 하얀 수건, 유월절에 '빈 방' 있음

예수님과 비슷한 시대를 살았던 유대인 역사가 요세푸스는 유월절에 25만 6,500마리의 양을 성전에서 도살했다고 기록하고 있다. 한 마리의 양을 최소 10명이 함께 먹어야 한다는 당시의 랍비 문헌이 있는 것을 보면, 유월절 기간 동안 최소한 그 10배에 해당하는 순례자들이 예루살렘에 모였음을 알 수 있다. 요세푸스의 기록에 나오는 숫자가 다분히 과장됐다는 사실을 염두에 두더라도, 성서시대에 성전이 있는 예루살렘으로 몰려드는 순례자들의 숫자가 상당히 많았음을 짐작할 수 있다. 그리 크지 않은 예루살렘에 이렇게 많은 순례자들을 한꺼번에 수용하기란 쉽지 않았다.

성서시대에 예루살렘 주민들은 전국에서 몰려오는 순례자들을 위해 객실을 내주어야 했다. 이때 객실료 명목으로 돈을 받게 되면 산헤드린에 즉시 고발되었다. 객실료는 돈이 아닌 순례자들이 가져온 그릇, 모피, 유월절 양의 가죽 등으로 대신했다. 집집마다 객실이 있었는데, 이 객실에 손님을 받을 수 있는 여유 공간이 있다는 표시로 집 앞에 하얀 수건을 걸어 두었다. 더 이상 공간이 없다면 하얀 수건을 거두어 들였다.

유월절 객실을 준비하러 성 안으로 들어간 베드로와 요한도 아마 하얀 수건이 걸린 예루살렘의 집들을 목격했을 것이다.

예수께서 베드로와 요한을 보내시며 이르시되 가서 우리를 위하여 유월절을 준비하여 우리로 먹게 하라 _눅 22:8

🏮 유월절 양을 잡다

유월절에 도살할 양은 최소 4일 전(니산월 10일)에 골라 두어야 했다.

너희는 이스라엘 온 회중에게 말하여 이르라 이 달 열흘에 너희 각자가 어린 양을 잡을지니 각 가족대로 그 식구를 위하여 어린 양을 취하되 _출 12:3

유월절에 쓰이는 양은 생후 8일 이상 1년 미만의 것이었다. 유월절 양은 최소 10명, 최대 20명이 함께 먹었다. 예수님과 열두 제자들이 함께 유월절 만찬을 했다면 당시 랍비들의 규약에 잘 맞는 숫자가 모인 것이다.

유월절에 먹을 양은 성전 안에서 의식에 따라 도살되어야 했다. 성전의 번제단에는 두 줄로 늘어선 제사장들이 양의 도살을 도왔다. 한쪽 줄은

유월절 양을 도살하기 위해 번제단에 두 줄로 늘어선 순례자들

은그릇을 들고 다른쪽 줄은 금그릇을 들고 제물의 피를 받았다. 번제단
이 있는 제사장의 뜰에 30명의 순례자가 들어서면 입구인 니카노르 게이
트가 굳게 닫혔다.

　이후 제사장 찬양대가 은나팔을 세 번 부는 것을 신호로 양이 도살되
었다. 유월절 양은 각자가 도살하고 피는 번제단에 두 줄로 늘어선 제사
장들을 통해 릴레이로 전달되었다. 번제단 바로 옆의 제사장은 마지막으
로 피를 받아서 제단 밑에 부었다. 성전에서 도살한 유월절 양은 가지고

나와 석류나무 가지에 끼워서 화덕에 구웠다.

출애굽 날에 먹었던 유월절 양은 레위기의 제사법과 율법이 주어지기 훨씬 전에 주어진 것이다. 율법과 제사를 통해서가 아니라 그보다 앞서서 주어진 유월절 양의 피를 통해 출애굽을 한 것이다. 유월절 어린양으로 상징되는 예수님의 대제사장직도 비슷한 성격을 갖고 있다. 즉 율법에 따른 제사장직인 아론의 반차 제사장이 생기기 전에 예언자적인 멜기세덱의 반차를 좇아 임하신 것이다.

> 레위 계통의 제사 직분으로 말미암아 온전함을 얻을 수 있었으면 (백성이 그 아래에서 율법을 받았으니) 어찌하여 아론의 반차를 따르지 않고 멜기세덱의 반차를 따르는 다른 한 제사장을 세울 필요가 있느냐 _히 7:11

최후의 만찬에서 베드로는 어디에 앉았을까?

유월절과 최후의 만찬

기독교 성화 가운데 가장 유명한 작품은 레오나르도 다 빈치(Leonardo da Vinci)가 그린 '최후의 만찬'이 아닐까 싶다. '최후의 만찬'(Last Supper)으로 불리는 식사는 유월절 저녁에 해가 지면서부터 시작해 자정 무렵에야 끝나는 유월절 저녁 식사를 말한다. 이 식사를 히브리어로 '쎄데르'(סדר)라고 부른다.

전체 21장으로 이루어진 요한복음에서 13 – 17장, 무려 5장의 말씀이 유월절 쎄데르 자리를 배경으로 하고 있다. 그러므로 쎄데르의 자리 배치와 식사 순서, 음식의 메뉴 등과 관련된 배경 지식 없이 이 말씀들을 제대로 해석한다는 것은 불가능하다.

중세에서 근대로 넘어가는 유럽의 기독교 문화 속에서 살던 레오나르도 다 빈치의 작품인 '최후의 만찬'을 유대인들에게 보여 주면 과연 어떤 반응을 보일까? 지금도 유월절이 되면 예수님 당시의 유월절 쎄데르가 집집마다 행해지는 이스라엘에 살면서 나는 수많은 기독교 성화들의 오류들을 발견했다. 많은 기독교 성화들은 유대인들의 문화와 풍습에 문외한인 유럽의 화가들이 유럽의 문화와 자신의 예술적 상상력의 프리즘을 통해 투영해 그린 것들이다. '제 눈에 안경'이란 말이 있듯이, 잘못된 안경 그리고 잘못된 프리즘으로 사물을 투영할 경우, 그 실체가 일그러질 수밖에 없다.

유대인들의 문화와 풍습에 맞추어 이 땅에서 마지막 밤을 보내신 예수님의 최후의 만찬 테이블을 재현해 보도록 하자.

🫖 최후의 만찬 방은 사랑방?

최후의 만찬이 벌어진 마가의 다락방은 어떤 용도로 사용된 곳일까? 성서시대의 집들은 '카탈루마'(καταλυμα)로 불리는 손님방(guest room) 이 따로 있었다. 우리나라로 말하면 손님들이 머무는 '사랑방'쯤 될 것이다. 이 카탈루마가 누가복음에는 '여관'으로 번역되어 있다.

첫아들을 낳아 강보로 싸서 구유에 뉘었으니 이는 여관에 있을 곳
이 없음이러라 _눅 2:7

'여관'을 흔히 여인숙이나 모텔쯤으로 해석하는데, 이것 역시 성서시대 집들이 갖추고 있는 손님방일 뿐이다. 카탈루마는 모텔이나 호텔처럼 영업을 목적으로 손님들에게 숙식을 제공하는 곳이 결코 아니다.

마가복음에도 동일한 헬라어 단어인 '카탈루마'가 나오는데 여기서는 '객실'로 번역되어 있다. 동일한 단어가 한 곳에서는 '여관'으로, 다른 곳에서는 '객실'로 번역되어 있는 것이다. 사실 이런 부분을 볼 때마다 느끼는 것인데, 우리말 성경은 번역의 '일관성 작업'을 진지하게 거쳐야 할 필요가 있다. 손님방을 의미하는 카탈루마의 의미를 볼 때, '객실'로 번역하는 것이 성서시대 문화에 맞는 적절한 번역이 될 것이다.

어디든지 그가 들어가는 그 집 주인에게 이르되 선생님의 말씀이 내
가 내 제자들과 함께 유월절 음식을 먹을 나의 객실이 어디 있느냐

원래 광야에서 목축을 하던 반유랑 민족인 이스라엘은 약속의 땅에 들어와 농경 문화를 이루었다. 그러나 가나안 땅에 정착하면서 농경 문화로 바뀌었음에도 목축 문화의 소중한 유산이 남아 있었다. 그것은 바로 광야의 손님 접대인데, 집집마다 있는 '카탈루마'에서 나그네를 위한 접대가 이루어졌다. 지금도 브엘세바 광야에 거하며 양들을 치는 베두인들은 손님 접대(hospitality)를 최고의 가치와 명예로 여긴다.

🏺 마가의 다락방은 2층 방

그리하면 그가 자리를 마련한 큰 다락방을 보이리니 거기서 준비하라 하시니 _눅 22:12

최후의 만찬이 이루어진 마가의 다락방에 대한 묘사는 누가복음이 가장 자세하다.

첫째, 다락방이었다. 성서시대 대부분의 집들은 단층으로 이루어졌지만, 부유한 사람들은 2층으로 집을 올렸다. 이를 볼 때 예수님의 제자인 마가는 동시대 사람들 중에 그럭저럭 재력을 갖춘 사람이었음을 알 수 있다. 다락방이라는 번역으로 인해 우리는 한국의 '다락'을 생각하기 쉽지만 이것은 2층에 있는 방(upper room)을 가리킨다. 최후의 만찬 방은 2

층에 있는 카탈루마였다.

둘째, 큰 방이었다. 이곳은 예수님과 열두 제자들이 모두 들어갈 수 있는 충분히 큰 방이었다. 사도행전에 보면 이 방에서 120명의 무리가 함께 기도 모임을 할 정도로 대단히 큰 곳이었음을 알 수 있다.

> 들어가 그들이 유하는 다락방으로 올라가니 베드로, 요한, 야고보,
> 안드레와 빌립, 도마와 바돌로매, 마태와 및 알패오의 아들 야고보,
> 셀롯인 시몬, 야고보의 아들 유다가 다 거기 있어 여자들과 예수의
> 어머니 마리아와 예수의 아우들과 더불어 마음을 같이하여 오로지
> 기도에 힘쓰더라 모인 무리의 수가 약 백이십 명이나 되더라 그때에
> 베드로가 그 형제들 가운데 일어서서 이르되 _행 1:13-15

셋째, 자리를 베푼 방이었다. 이것은 숙식을 위한 최소한의 도구를 갖추고 있었다는 말이다. 손님이 머무는 카탈루마에는 보통 매트리스나 쿠션이 구비되어 있었고, 손님들은 그곳에서 숙식을 해결할 수 있었다.

🏺 다 빈치의 '최후의 만찬'의 오류

레오나르도 다 빈치가 그린 '최후의 만찬'에는 당시 유대인들의 문화에 비추어 볼 때 잘못된 부분이 몇 군데 있다.

첫째, 테이블의 모양이 잘못되었다. 레오나르도 다 빈치의 그림처

레오나르도 다 빈치의 최후의 만찬

럼 사각형의 테이블이 아니라, 한글 자음의 'ㄷ'자 모양의 3면 테이블
(triclinium)이어야 한다. 이러한 3면 테이블은 고대 로마 제국에서 사용하
던 것인데, 로마 제국의 속국으로 편입된 유대 땅에도 급속하게 보급되었
다. 'ㄷ'자로 움푹 들어간 곳을 통해 종들이 음식 서빙을 자유롭게 했다.

둘째, 테이블에 앉는 좌석 배치가 잘못되었다. 3면 테이블에는 상석과
말석이 확실하게 구분되어 있었다. 상석은 왼쪽 날개 부분이고, 말석은
오른쪽 날개 부분이다. 최후의 만찬 테이블에서 상석은 당연히 그 식탁
의 주빈(guest of honor)이었던 예수님의 몫이었다. 그러므로 예수님의 좌
석은 레오나르도 다 빈치의 그림처럼 가운데가 아니라 왼쪽 날개의 중앙
에 있어야 한다.

셋째, 테이블에 앉는 자세가 잘못되었다. 신약시대 유대인들은 유월절

쎄데르 식사를 바닥에 앉은 자세에서 비스듬히 누워서 먹었다. 레오나르도 다 빈치의 그림처럼 의자에 앉아서 식사를 한 것이 아니다. 비스듬히 누워서 먹는 식사법은 주전 63년에 폼페이 장군에 의해 유대 땅이 로마 제국으로 편입되면서 나타난 현상이다. 유대인들은 출애굽기 말씀처럼 출애굽 당시의 급박한 상황을 나타내기 위해 허리에 띠를 띠고 발에 신을 신고 손에 지팡이를 잡고 서서 급하게 식사를 했다.

> 너희는 그것을 이렇게 먹을지니 허리에 띠를 띠고 발에 신을 신고 손에 지팡이를 잡고 급히 먹으라 이것이 여호와의 유월절이니라 _출 12:11

그러나 로마의 문화에 비추어 볼 때 서서 식사를 하는 것은 노예들이나 하는 일이었다. 애굽에서 탈출해 자유인이 된 것을 기념하는 유월절 식사는 로마의 문화 속에서 변천되었다. 노예처럼 서서 식사하던 데서 점차 앉아서 식사하고 더 나아가 로마의 귀족처럼 왼쪽으로 비스듬히 기대어 식사를 하는 것으로 변천된 것이다. 이로써 완벽한 자유인이 되었음을 드러내고자 했던 것이다. 당시 랍비 문헌은 유월절 식사와 관련해서 이렇게 말하고 있다.

> 아무리 가난한 사람도 일 년 중 한 끼 식사, 즉 유월절 만찬만큼은 부자처럼 기대서 먹어야 한다.

기대서 식사를 할 때 머리는 테이블 쪽을 향하고 발은 뒤에 있는 벽을 향하게 된다. 이러한 식사 자세를 염두에 둘 때, 식탁에 있는 예수의 발을 눈물로 적시고 입을 맞추고 향유를 부은 여인의 이야기도 새롭게 와 닿을 것이다.

예수의 뒤로 그 발 곁에 서서 울며 눈물로 그 발을 적시고 자기 머리털로 닦고 그 발에 입맞추고 향유를 부으니 _눅 7:38

🏺 제자들이 상석을 놓고 신경전을 벌이다

'ㄷ'자 모양의 3면 테이블은 철저한 신분제 사회였던 로마에서 특별히 중요한 의미가 있었다. 로마 사회는 가장 상위층의 원로원 멤버를 시작으로 귀족, 시민, 노예로 이어지는 사회 계급 구조가 매우 엄격했다. 공적인 모임에서도 신분에 따른 자리가 정해져 있었다.

예수님은 누가복음에서 당시 로마 제국에 편입된 유대 사회의 계급 구조에 대해 언급하신다.

네가 누구에게나 혼인 잔치에 청함을 받았을 때에 높은 자리에 앉지 말라 그렇지 않으면 너보다 더 높은 사람이 청함을 받은 경우에 너와 그를 청한 자가 와서 너더러 이 사람에게 자리를 내주라 하리니 그때에 네가 부끄러워 끝자리로 가게 되리라 청함을 받았을 때에 차라리 가서 끝자리에 앉으라 그러면 너를 청한 자가 와서 너더러 벗이

여 올라 앉으라 하리니 그때에야 함께 앉은 모든 사람 앞에서 영광
이 있으리라 _눅 14:8-10

3면 테이블의 경우 상석과 말석이 확실하게 구분되었는데, 이는 당시
로마의 계급 사회에 맞게 고안된 것이다. 3면 테이블이 갖추어진 최후의
만찬장에 들어갈 때 제자들의 주된 관심과 고민은 '과연 누가 상석에 앉
느냐' 하는 것이었다. 만찬장에서 식사하던 중 서로 누가 크냐의 문제로
제자들 간에 실랑이가 일어난 것은 이를 뒷받침해 준다.

또 그들 사이에 그 중 누가 크냐 하는 다툼이 난지라 _눅 22:24

3면 테이블의 상석은 왼쪽 날개 부분에 있는데 일반적으로 세 명이 그
곳에 앉는다. 중앙에 잔치의 주빈이 앉고 좌우에 주빈의 오른팔과 왼팔
이 앉게 된다. 최후의 만찬 테이블에서는 당연히 왼쪽 날개의 중앙에 예
수님이 주빈으로 앉았을 것이다. 그리고 그 좌우에 누가 앉을 것인가가
제자들 사이에서 매우 민감하고도 치열한 쟁점이 아닐 수 없었을 것이다.
야고보와 요한이 어머니의 치맛바람을 이용하면서까지 그 자리를 탐낸
것을 보면 상류층으로 올라가고 싶은 이들의 열망을 엿볼 수 있다.

예수께서 이르시되 무엇을 원하느냐 이르되 나의 이 두 아들을 주의
나라에서 하나는 주의 우편에, 하나는 주의 좌편에 앉게 명하소서
_마 20:21

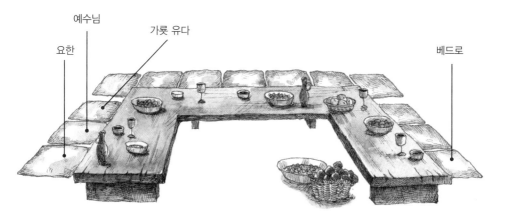

최후의 만찬에서 제자들이 앉은 자리

성서시대의 문화와 복음서의 기록을 토대로 최후의 만찬 테이블에서 요한과 가룟 유다, 그리고 베드로의 좌석 배치를 유추해 낼 수 있다.

요한의 좌석

왼쪽 날개 부분의 중앙은 그 잔치의 주빈인 예수님 자리였다. 주빈의 오른쪽 자리는 주빈이 가장 신뢰하는 사람이 앉았다. 그 자리는 바로 요한의 몫이었을 것이다. 요한은 요한복음에서 자신을 늘 '예수의 사랑하시는 자'로 표현했다. 이것은 요한 혼자만의 착각은 아니었던 듯싶다. 최후의 만찬장에서 예수님의 오른쪽 자리에 요한이 위치했던 것을 보면 말이다.

왼쪽으로 몸을 비스듬히 기대 앉는 당시의 풍습을 통해 볼 때, 요한은 분명 예수님의 오른쪽에 앉아서 왼쪽으로 기대어 예수님의 품에 안길 수 있었을 것이다.

예수의 제자 중 하나 곧 그가 사랑하시는 자가 예수의 품에 의지하여 누웠는지라 _요 13:23

가룟 유다의 좌석

잔치 테이블 상석에 있는 주빈의 왼쪽 자리는 가룟 유다였을 것이다. 이것은 예수님이 떡을 찍어다가 유다의 입에 넣어 준 것을 통해서도 확인할 수 있다. 당시의 테이블은 3명이 한 조가 되어 겸상을 했는데, 오른손으로 떡을 찍어다가 자신의 왼쪽에 앉아 있는 사람의 입에 넣어 주었다.

예수께서 대답하시되 내가 떡 한 조각을 적셔다 주는 자가 그니라 하시고 곧 한 조각을 적셔서 가룟 시몬의 아들 유다에게 주시니 _요 13:26

이렇게 주빈인 예수님과 그 좌우에 앉은 요한과 가룟 유다가 최후의 만찬 테이블의 상석을 차지했다. 주빈과 함께 그 좌우에 앉는 일은 명예를 중시하는 고대 이스라엘에서 누구나 추구하던 복이었다.

가룟 유다가 예수님의 왼편에 앉았다는 것은 무엇을 말할까? 자신의 몸을 왼쪽 팔꿈치를 이용해 기대던 당시의 풍습에 기초해서 볼 때, 예수님은 배반자 유다의 품에 안겨서 식사했음을 알 수 있다. 유다의 배반을 이미 알고 있던 예수님은 원수의 품에 안겨서 식사를 하심으로써 자기 사람들을 끝까지 사랑하신 모범을 보이셨다.

유월절 전에 예수께서 자기가 세상을 떠나 아버지께로 돌아가실 때가 이른 줄 아시고 세상에 있는 자기 사람들을 사랑하시되 끝까지 사랑하시니라 _요 13:1

한편 자기 품에 안긴 예수님을 보며 유다는 제대로 식사를 할 수 있었을까? 특히 자신의 배반을 예언하시고 친히 떡을 찍어다가 입에 넣어 주는 순간, 유다의 심장은 아마도 터지기 일보 직전이었을 것이다. 결국 버티다 못한 유다는 만찬장을 떠나게 된다.

베드로의 좌석

베드로의 좌석은 아마도 테이블 오른쪽 날개의 가장 말석이었을 것이다. 베드로가 말석에 앉았을 것으로 유추할 수 있는 몇 가지 정황적 증거들이 있다.

첫째, 베드로는 예수님의 좌우 상석에 당연히 요한과 자신이 앉을 것으로 기대했다. 베드로에게 2개밖에 남지 않은 상석의 경쟁자는 요한과 야고보였다. 평상시 베드로와 야고보, 요한은 예수님의 수제자들이었기 때문이다. 그런데 한 자리는 이미 요한이 차지했고 나머지 자리마저 의외의 인물인 가룟 유다가 차지하고 말았다. 상석을 차지하지 못한 베드로는 내친김에 가장 말석으로 직행했을 것이다. 유다는 대부분이 갈릴리 출신인 제자들 사이에서 유일하게 유대 지방의 소도시인 가룟(Cariot) 출신이었다. 갈릴리 사람들과 유대 사람들은 서로를 철저하게 경멸하고 무시했다. 유대 사람들은 갈릴리 출신들에게 딸을 시집 보내지 않았는데, 그 이유는 '사람이 짐승과 같이 잠을 잘 수 없다'는 것이었다. 곧 갈릴리 사람들을 짐승에 비유했던 것이다. 따라서 베드로는 유대 지방 출신의 유다에게서 최대한 멀리 앉으려 했을 것이다.

둘째, 배반자에 대한 예수님의 예언을 듣고 베드로가 보여 준 반응에서 엿볼 수 있다. "너희 중 하나가 나를 팔리라"는 무시무시한 예언 앞에 제자들은 저마다 '저는 아니죠?' 하는 표정을 지었다. 이때 베드로는 요한에게 머릿짓을 해서 배반자가 과연 누구인지 예수님께 묻도록 신호를 보냈다. 베드로의 신호를 받고 예수님의 품에 안긴 요한이 "주여 누구오니이까?"라고 묻는다.

시몬 베드로가 머릿짓을 하여 말하되 말씀하신 자가 누구인지 말하라 하니 그가 예수의 가슴에 그대로 의지하여 말하되 주여 누구니이까 _요 13:24-25

베드로가 요한에게 머릿짓 신호를 보낸 것을 볼 때 베드로는 상석에 앉은 요한의 맞은편인 말석에 앉았을 것이다.

셋째, 예수님이 제자들의 발을 씻기신 순서와 베드로의 엉뚱한 반응에서 엿볼 수 있다. 예수님은 유월절 만찬을 마치신 후 자신의 옆에 앉은 제자들부터 차례로 발을 씻겨 주셨다. 민망하지만 제자들은 순순히 예수님께 자신의 발을 맡겼다. 드디어 말석에 앉아 있던 베드로 차례가 되었지만 그는 발을 내밀지 않고 버텼다.

> 베드로가 이르되 내 발을 절대로 씻지 못하시리이다 예수께서 대답
> 하시되 내가 너를 씻어 주지 아니하면 네가 나와 상관이 없느니라
>
> _요 13:8

일반적으로 하인들이 옆에서 시중들며 발을 씻겨 주어야 하지만, 최후의 만찬은 당시 예수님을 체포하려던 종교 지도자들을 피해서 외부인에게 공개되지 않은 비밀스런 모임이었다. 하인이 없다면 당연히 가장 말석에 앉은 사람이 참석자들의 발을 씻겨 주는 것이 불문율이었다. 베드로는 말석에 앉은 것도 서러운데, 다른 제자들의 더러운 발까지 씻어 줘야 한다는 사실이 영 내키지 않았을 것이다. 베드로가 끝까지 모른 척하며 버티자, 언제나 모범으로 가르치시던 예수님께서 일어나셨다.

> 저녁 잡수시던 자리에서 일어나 겉옷을 벗고 수건을 가져다가 허리
> 에 두르시고 _요 13:4

베드로는 자신이 해야 할 일을 예수님이 하시자 갑자기 쥐구멍에라도 숨고 싶을 만큼 민망해졌다. 결국 그는 자신의 발을 씻길 수 없다고 생트집을 잡고 있는 것이다.

베드로가 뿔났다(?)

그러면 베드로는 왜 말석에 앉았던 것일까? 평상시 베드로의 이미지에 비춰 볼 때 베드로와 말석은 어울리지 않는 그림이다. 베드로는 모든 면에서 첫째가 아니었던가? 베드로는 변화산을 올라갈 때도 첫째, 내려올 때도 첫째였다. 갈릴리 바다에서 배를 탈 때도 첫째, 물 위를 걸을 때도 첫째, 물에 빠져 허우적대는 것도 첫째였다. 신앙고백을 한 것도 첫째, 그리고 엉뚱한 말을 했다가 사탄으로 몰린 것도 첫째, 예수님을 부인한 것도 첫째였다. 적절한 경우도 많았지만, 베드로는 부적절한 때에 부적절한 행동을 하는 데도 늘 첫째였다. 이런 베드로가 왜 최후의 만찬에서는 말석에 앉았던 것일까?

승부욕이 강하고 늘 첫째가 되고자 했던 베드로는 요한과 가룟 유다가 상석을 차지해 버리자 차라리 가장 말석을 '찜'했을 것이다. 말석에 솔선수범해서 앉은 베드로는 아마도 '큰 자가 되려면 낮은 자가 돼라'는 예수님의 말씀을 기억했을지 모른다. 그리고 처음부터 잔치의 상석에 앉았다가 더 높은 사람이 와서 말석으로 밀려나는 수치를 당하지 말고 처음부터 말석에 앉으라는 말씀을 기억했을지도 모른다.

너희 중에 큰 자는 너희를 섬기는 자가 되어야 하리라 _마 23:11

네가 누구에게나 혼인 잔치에 청함을 받았을 때에 높은 자리에 앉지 말라 그렇지 않으면 너보다 더 높은 사람이 청함을 받은 경우에 너와 그를 청한 자가 와서 너더러 이 사람에게 자리를 내주라 하리니 그때에 네가 부끄러워 끝자리로 가게 되리라 청함을 받았을 때에 차라리 가서 끝자리에 앉으라 그러면 너를 청한 자가 와서 너더러 벗이여 올라 앉으라 하리니 그때에야 함께 앉은 모든 사람 앞에서 영광이 있으리라 _눅 14:8-10

모든 면에서 첫째였던 베드로는 가장 중요한 순간인 최후의 만찬 자리에서 일찌감치 말석을 차지했다. '누가 크냐'며 서로 상석에 앉으려고 신경전을 벌이던 다른 제자들과 달리 그날따라 유별났던 베드로의 행동은 예수님에게 확실한 눈도장을 찍었을 것이다.

베드로는 예수님의 말씀처럼 먼저 자진해서 말석에 앉으면 예수님이 곧 짐승 같은 가룟 유다를 내치고 자신을 상석으로 옮겨 줄 것이라고 기대했을지도 모른다. 그러나 기대와 달리 포도주 첫 잔을 마심으로 유월절 만찬이 시작되었다. 결국 말석에 앉은 베드로는 아무런 소득도 없이 '굴욕'을 감내해야 했다. 굴욕감으로 인해 '뿔'이 잔뜩 난 베드로에게 말석에 앉은 사람이 해야 할 손님들의 발을 닦아 주는 일이 눈에 들어올 리 없었다.

CHAPTER

가룟 유다는 최후의 만찬 도중
언제 자리를 박차고 뛰쳐나갔을까?

유월절 만찬과 네 잔의 포도주

유월절 만찬은 히브리어로 '쎄데르'(סדר)라고 부르는데, 그 문자적 의미는 '순서, 질서'라는 뜻이다. 이것은 명절날 온 가족이 함께 모여서 거나하게 한끼 식사를 먹는 단순한 개념이 아니다. 해가 지고 나서 시작해 자정 무렵까지 이어지는 유월절 만찬이 '순서'를 의미하는 '쎄데르'로 불리는 것은, 만찬이 장시간 동안 복잡한 순서에 따라 진행되기 때문이다.

여느 나라의 명절이 그렇듯이, 이스라엘에서도 이날만큼은 평소에 먹기 힘든 맛있는 음식들이 차려진다. 하지만 명절 음식은 내키는 대로 먹을 수 없었다. 마치 우리나라의 추석이나 설날 때 차례상을 차리는 예법이 복잡한 것과 같다. 각각의 음식은 먹는 순서가 따로 있었는데, 유월절 만찬 동안 마시는 네 잔의 포도주가 이 순서를 알리는 이정표 역할을 했다.

요한복음 13-17장은 유월절 만찬 자리에서 이루어진 사건을 기록하고 있다. 이 말씀을 입체적으로 이해하려면 유월절 만찬의 메뉴와 식사 순서, 그리고 각각의 의미에 대한 배경 지식이 반드시 필요하다.

이 장에서의 초점은 배반자 가룟 유다다. 그는 분명 유월절 만찬에 참석했지만 자신의 배반 계획이 알려지자 중간에 자리를 박차고 뛰쳐나갔다. 유다는 과연 최후의 만찬 도중 어느 순서에서 자리를 박차고 뛰쳐나간 것일까?

🫖 최후의 만찬 '메뉴'

'최후의 만찬'으로 알려진 식사는 예수님이 유월절 어린양으로 돌아가

시기 직전에 제자들과 함께 나눈 유월절 만찬을 가리킨다. 유월절 만찬에 차려지는 기본 메뉴는 무엇이었을까?

무교병

히브리어로 '마짜'(מַצָּה)라고 불리는 무교병은 출애굽 당시에 빵이 발효되는 것을 기다릴 수 없을 정도로 급하게 탈출했던 출애굽의 긴박한 상황을 기억하는 독특한 식사였다.

그들이 애굽으로부터 가지고 나온 발교되지 못한 반죽으로 무교병을 구웠으니 이는 그들이 애굽에서 쫓겨나므로 지체할 수 없었음이며 아무 양식도 준비하지 못하였음이었더라 _출 12:39

어린 양

문 입구의 인방과 설주에 어린 양의 피를 바름으로써 죽음의 신이 넘어간 것을 기념하는 식사였다. 성서시대 90%를 차지하는 가난한 소작농들은 결혼식과 유월절에만 고기를 먹을 수 있었다.

우슬초 묶음을 가져다가 그릇에 담은 피에 적셔서 그 피를 문 인방과 좌우 설주에 뿌리고 아침까지 한 사람도 자기 집 문 밖에 나가지 말라 여호와께서 애굽 사람들에게 재앙을 내리려고 지나가실 때에 문 인방과 좌우 문설주의 피를 보시면 여호와께서 그 문을 넘으시고 멸하는 자에게 너희 집에 들어가서 너희를 치지 못하게 하실 것임

이니라 _출 12:22-23

쓴 나물

히브리어로 '마로르'(מרור)라 불리는 쓴 나물은 애굽에서의 쓰디쓴 노예 생활을 기억하는 식사였다.

소스

히브리어로 '하로셋'(חרוסת)이라 불리는 소스는 무화과, 대추야자, 건포도, 기타 견과류 등을 섞어서 만들었다. 단맛이 나는 하로셋은 진흙 색깔을 띠는데, 이는 애굽의 노예 생활 중 진흙으로 벽돌 굽기를 하던 것을 기억하는 식사였다.

어려운 노동으로 그들의 생활을 괴롭게 하니 곧 흙 이기기와 벽돌 굽기와 농사의 여러 가지 일이라 그 시키는 일이 모두 엄하였더라

_출 1:14

달걀

애굽에서 한 노예 생활의 고통을 기억하는 식사였다.

포도주

기쁨을 상징하는 포도주는 애굽의 노예 생활에서 탈출해 자유와 해방을 맞게 된 기쁨을 상징하는 식사였다.

🕯️ 최후의 만찬 '순서'

유월절 만찬은 네 잔의 포도주를 기준으로 이스라엘 역사에서 가장 중요한 출애굽 사건을 과거, 현재, 미래의 시간 속에서 재현하는 것을 그 목적으로 한다. 유월절은 초(또는 올리브 램프)에 불을 켜면서 시작된다. 초를 밝히는 것은 거룩과 세속을 구분하는 의미가 있는데, 매주 안식일의 시작과 함께 촛불을 밝히는 것도 같은 의미가 있다. 거룩한 안식일의 시작에 촛불을 켬으로써 세속적인 6일과 거룩한 안식일을 구분하는 것이다. 불을 켜는 역할은 보통 어머니가 맡는데, 이는 가정에 빛과 따뜻함을 가져다주는 존재가 어머니이기 때문이다.

포도주 첫 번째 잔: 전식

포도주의 첫 잔을 따르고 축복문을 낭송하면서 유월절 만찬이 시작된다. 첫 잔을 마시고 손을 씻는 예식이 거행되는데, 예수님이 제자들의 발을 씻어 준 것은 바로 이때였을 것이다. 그런데 예수님은 왜 손을 씻는 것 외에도 발을 씻기신 것일까?

> 저녁 잡수시던 자리에서 일어나 겉옷을 벗고 수건을 가져다가 허리에 두르시고 이에 대야에 물을 떠서 제자들의 발을 씻으시고 그 두르신 수건으로 닦기를 시작하여 _요 13:4-5

감람산 동쪽의 베다니에서 최후의 만찬이 벌어진 마가의 다락방으로

가려면 예루살렘 성의 아래 도시(Lower city)와 윗도시(Upper city)를 연결하는 계단을 올라야 한다. 그러나 이 계단은 당시 대제사장이던 가야바의 집과 인접해 있었고, 종교 당국의 체포를 피해 제자들과 비밀스런 만찬을 원하셨던 예수님 일행은 이 길을 우회해서 힌놈 골짜기를 지나서 에세네 문을 통해 들어왔을 것이다. 힌놈 골짜기는 이스라엘 역사에서 각종 우상숭배와 관련된 곳이다.

또 힌놈의 아들 골짜기에서 그의 아들들을 불 가운데로 지나가게 하며 또 점치며 사술과 요술을 행하며 신접한 자와 박수를 신임하여 여호와 보시기에 악을 많이 행하여 여호와를 진노하게 하였으며
_대하 33:6

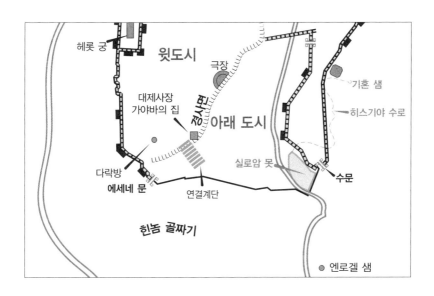

힌놈 골짜기를 히브리어로 '게힌놈'(גיהנם)이라고 하는데, 이는 '지옥'을 의미한다. 예수님 일행은 아마도 부정한 힌놈 골짜기를 통과해야 했기 때문에 손뿐 아니라 발까지 씻는 정결 의식을 행했을 것이다.

정결 의식을 행한 후에는 쓴 나물을 소금물에 찍어서 먹고, 세 개의 마짜를 포개서 가운데를 자른 후 접시에 올려놓는다. 여기까지가 유월절 만찬의 '전식'(前食)에 해당한다.

이때 만찬의 인도자는 잘린 마짜 가운데 큰 조각을 숨겨 두고 자녀들은 '보물찾기'를 하듯이 숨겨진 조각을 찾는다. 이 숨겨진 조각을 아람어로 '아피코만'(אפיקומן)이라고 하는데, 이는 '후식'(後食)을 의미한다.

포도주 두 번째 잔: 과거를 기억하며

만찬에 참석한 사람 가운데 나이가 가장 어린 자녀가 네 가지 질문을 한다. 이것은 출애굽의 역사를 자녀에게 가르치라는 명령이 네 번 반복되기 때문이다(출 12:26, 13:8, 14; 신 6:20).

"왜 이 밤에는 마짜를 먹는가?"
"왜 이 밤에는 쓴 나물을 먹는가?"
"왜 이 밤에는 쓴 나물을 소금물에 두 번 찍어서 먹는가?"
"왜 이 밤에는 비스듬히 누워서 식사를 하는가?"

예수님 당시 최후의 만찬 자리에서는 가장 연소자였던 요한이 이 질문들을 던졌을 것이다. 이 질문에 대답을 하면서 만찬의 인도자는 출애굽 사건을 상세하게 설명해야 한다. 이어서 포도주 두 번째 잔이 준비되고 열 가지 재앙을 낭송할 때마다 입에 머금은 포도주를 접시에 뱉어 낸다. 이후 남아 있는 두 번째 포도주 잔을 마신다.

포도주 세 번째 잔: 현재를 축복하며

유월절 마짜를 먹기 위해 축복문이 낭송된다. 예수님은 이때 마짜를 떼어 축복문을 낭송하고 제자들에게 나누어 주셨다. 그리고 이 마짜를 자신의 몸에 비유하셨다.

> 그들이 먹을 때에 예수께서 떡을 가지사 축복하시고 떼어 제자들에게 주시며 이르시되 받아서 먹으라 이것은 내 몸이니라 하시고
> _마 26:26

이후 쓴 나물을 마짜 사이에 넣은 '힐렐 샌드위치'를 만들어 하로셋 소스에 찍어서 먹는다. 예수님은 이때 가룟 유다의 배반을 예언하셨을 것이다.

> 예수께서 이 말씀을 하시고 심령이 괴로워 증언하여 이르시되 내가 진실로 진실로 너희에게 이르노니 너희 중 하나가 나를 팔리라 하시니 _요 13:21

배반자 가룟 유다는 메인 메뉴인 어린 양을 먹기 전에 만찬장을 빠져 나갔으므로 유월절 식사에 참여한 사람이 아니다.

한 번 빛을 받고 하늘의 은사를 맛보고 성령에 참여한 바 되고 하나
님의 선한 말씀과 내세의 능력을 맛보고도 타락한 자들은 다시 새
롭게 하여 회개하게 할 수 없나니 이는 그들이 하나님의 아들을 다
시 십자가에 못 박아 드러내 놓고 욕되게 함이라 _히 6:4-6

"누가 배반자인가?"를 묻는 제자들에게 예수님은 힐렐 샌드위치를 뜯
어 하로셋 소스에 찍어 자신의 왼쪽에 앉아 있는 가룟 유다의 입에 넣어
주면서 배반자를 지목하셨다. 그야말로 '딱 걸린' 것이다. 유다는 당황한
나머지 만찬장을 박차고 뛰쳐나갈 수밖에 없었다.

예수께서 대답하시되 내가 떡 한 조각을 적셔다 주는 자가 그니라
하시고 곧 한 조각을 적셔서 가룟 시몬의 아들 유다에게 주시니
_요 13:26

이후 유월절 만찬의 메인 메뉴인 어린 양을 먹기 위한 축복문이 낭송
되고 식사가 진행된다. 유대인의 가정에서는 식사를 마친 후 아이들이
숨겨진 마짜 조각인 아피코만을 찾는 시간을 갖는다. 아피코만을 찾은
아이는 돈으로 보상을 받고 아피코만은 잘게 부수어 모든 사람이 한 조
각씩 먹는다.

드디어 세 번째 포도주 잔을 마실 시간이다. 유월절 만찬에서 마시는 네 잔의 포도주 가운데 세 번째 잔은 특별한 의미가 있다. 유대인들은 세 번째 잔을 '구원의 잔'이라 부르는데, 식사를 마치고 세 번째 잔을 들고서 예수님은 곧 십자가에서 흘릴 자신의 '피'와 '포도주'를 연결시키셨다.

> 또 잔을 가지사 감사 기도 하시고 그들에게 주시며 이르시되 너희가 다 이것을 마시라 이것은 죄 사함을 얻게 하려고 많은 사람을 위하여 흘리는 바 나의 피 곧 언약의 피니라 _마 26:27-28

포도주 네 번째 잔: 미래를 바라보며

유월절 식사가 끝난 후 방의 문을 열어 놓고, '엘리야의 잔'으로 불리는 네 번째 포도주 잔을 가득 채운다. 이것은 메시아가 오기 전에 출현할 엘리야를 위한 잔이다.

> 보라 여호와의 크고 두려운 날이 이르기 전에 내가 선지자 엘리야를 너희에게 보내리니 그가 아버지의 마음을 자녀에게로 돌이키게 하고 자녀들의 마음을 그들의 아버지에게로 돌이키게 하리라 돌이키지 아니하면 두렵건대 내가 와서 저주로 그 땅을 칠까 하노라 하시니라 _말 4:5-6

유월절 만찬을 마치는 시간은 대략 자정 즈음이었다. 만찬을 마친 사람들은 저마다 지붕에 올라가 감사의 찬송인 시편 113-118편(할렐 송)을 불렀다. 예루살렘 주민들이 동시에 불렀기 때문에 예루살렘 주변의 산들이 흔들릴 정도였다고 한다. 예수님과 제자들도 최후의 만찬을 마치고 '할렐 송'을 찬미하면서 감람산으로 올라갔다.

> 이에 그들이 찬미하고 감람산으로 나아가니라 _마 26:30

가룻 유다는 왜 예수님을 배반했을까?

로마의 초대 황제가 될 뻔했던 율리우스 카이사르를 암살한 브루투스는 카이사르가 가장 총애하던 심복이었다. 그 심복의 칼에 찔려 운명을 달리한 카이사르는 죽기 직전 유명한 말을 남겼다.

"브루투스, 너마저!"

'배반자' 하면 흔히 브루투스와 함께 성경의 가룻 유다가 꼽힌다. 가룻 유다는 3년 동안 믿고 따르던 예수님을 왜 배신했을까? 고작 은 삼십이 탐나서 예수님을 헌신짝처럼 버린 것일까?

> 내가 예수를 너희에게 넘겨 주리니 얼마나 주려느냐 하니 그들이 은
> 삼십을 달아 주거늘 _마 26:15

단지 돈이 탐나서 3년간 모든 걸 버리고 좇았던 스승을 배반했다고 하기에는 어쩐지 석연치 않다. 예수님이 산헤드린에서 정죄되고 빌라도 총독에게 넘겨지자마자 곧바로 뉘우치고 은 삼십을 되돌려 준 유다의 행동을 통해 볼 때 그의 배반은 돈에 대한 욕심을 넘어선 것임을 알 수 있다.

유월절 만찬을 마치고 할렐 송을 부르기 위해 지붕에 올라온 순례자들

그때에 예수를 판 유다가 그의 정죄됨을 보고 스스로 뉘우쳐 그 은
삼십을 대제사장들과 장로들에게 도로 갖다 주며 _마 27:3

가룟 유다의 배반에 얽힌 뒷얘기를 추적하면서 당시의 긴박했던 상황
속으로 들어가 보자.

첫째, 유다는 평소 돈에 대한 애착과 염려가 많았던 것 같다. 그는 제
자들 그룹에서 돈궤를 맡았는데, 아마도 '견물생심'이란 말처럼 돈이 그
에게 작은 올무가 되었음을 부인할 수 없다. 향유를 예수님의 발에 부어
버린 마리아의 행동을 이내 비판하는 모습에서도 확인된다.

제자 중 하나로서 예수를 잡아 줄 가룟 유다가 말하되 이 향유를 어
찌하여 삼백 데나리온에 팔아 가난한 자들에게 주지 아니하였느냐
하니 _요 12:4-5

둘째, 유일한 유대 지방 출신이라는 점을 생각해 볼 수 있다. 다른 제
자들이 모두 갈릴리 출신인 데 비해 유대 지방의 조그만 마을인 크리옷
(קריות, 가룟) 출신인 가룟 유다는 아마도 3년간 제자 생활을 하면서 크고
작은 소외감을 느꼈을 것이다. 특히 가룟 유다는 베드로, 요한, 야고보
와 같은 수석 제자 그룹에 끼지 못하고, 영원한 아웃사이더로 머물러야
했다. 현대 사회보다 출신 지역에 더 많은 비중을 두는 성서시대 문화를
생각해 볼 때 유다의 모호한 위치를 충분히 짐작해 볼 수 있다.

셋째, 예수님 당시 유대인들이 기대하던 메시아적 열망을 들 수 있다.

예수님 당시 유대 땅은 로마가 세운 분봉왕과 로마가 파견한 총독이 통치하고 있었다. 특히 로마 총독이 직접 다스리던 지역은 소득의 80%를 거두어 가는 과도한 세금 부담으로 인해 반로마 감정이 극에 다다랐다. 로마의 학정이 심해질수록 많은 온건한 유대인들이 로마의 학정을 무력으로 종식시키겠다는 '열심당'에 가입했다. 예수님의 제자들 중에도 실제 열심당(zealot, 셀롯)에서 활동하던 자도 있었다.

마태와 도마와 알패오의 아들 야고보와 셀롯이라는 시몬과 _ 눅 6:15

로마의 학정은 1세기 이스라엘의 메시아적 열망을 뜨겁게 달궈 놓았다. 이들이 기대한 메시아는 다윗과 같은 강력한 왕 또는 장군으로서 로마를 무찌르고 승리의 개가를 울리는 개선장군의 모습이었다. 당시 열심당에 소속되어 반로마 투쟁을 벌이던 사람도 있었지만, 열심당에 가담하지는 않더라도 열심당의 활동에 심정적으로 지지를 보내는 사람들이 많았다. 이런 사회적 분위기에서 제자들 역시 비슷한 메시아관을 가지고 예수님을 좇았을 것이다. 제자들은 병자를 고치며 귀신을 쫓아내고, 심지어 죽은 자를 살려 내는 초인적인 능력을 사용해 정복자 로마를 내쫓고 이스라엘을 회복시킬 소망을 가졌다. 실제로 제자들의 이 같은 메시아관은 예수님이 십자가에 달려 죽으시고 부활한 후에도 지속되었다. 예수님이 승천하시기 직전까지 이들의 머리를 채운 생각은 '이스라엘 나라의 회복'이었던 것이다.

> 그들이 모였을 때에 예수께 여쭈어 이르되 주께서 이스라엘 나라를
> 회복하심이 이때니이까 하니 _행 1:6

　가룟 유다 역시 전직 열심당원이던 시몬처럼 열심당의 메시아적 열망
으로 예수를 좇았던 것 같다. 물론 정도의 차이가 있을지언정, 다른 제자
들도 비슷한 메시아관을 가지고 있었을 것이다. 제자들이 허무하게 십자
가에 죽는 '고난의 종'으로서의 서번트(servant) 메시아관을 갖기에는 아
직 역부족이었던 것이다. 가룟 유다는 베다니 나사로의 집에서 있었던 잔
치에서 예수님이 자신의 임박한 죽음을 암시했을 때 결정적으로 생각의
변화를 일으켰을 것이다. '아니, 그 놀라운 능력을 제대로 발휘해 보지도
않고 허무하게 죽을 생각을 하다니……'

> 예수께서 이르시되 그를 가만 두어 나의 장례할 날을 위하여 그것을
> 간직하게 하라 가난한 자들은 항상 너희와 함께 있거니와 나는 항
> 상 있지 아니하리라 하시니라 _요 12:7-8

　가룟 유다는 곰곰이 생각한 끝에 묘수를 떠올렸다. 이렇게 스승이 아
무런 저항 없이 허무하게 죽도록 놓아 둘 수는 없었던 것이다. 가룟 유다
는 '예수님을 대적들의 손에 넘겨 코너로 몰면 스스로 저항해 놀라운 초
능력을 사용하지 않을까'라고 생각했을 것이다. 하지만 이런 유다의 생
각과 달리 예수님은 산헤드린에서나 빌라도 앞에서도 아무런 저항 없이
십자가형을 달게 받으셨다. 가룟 유다의 '벼랑끝 전술'은 보기 좋게 실패

로 돌아갔다. 결국 처음 의도와 계획과는 다르게 돌아가는 상황을 보면서 유다는 즉시 뉘우치고 종교 당국자들로부터 받은 은 삼십을 돌려주었다. 그리고 이미 쏟아진 물, 주워 담기 어려운 상황이 되자마자 괴로워하다 '자살'이라는 극단적인 방법을 선택한 것이다.

> 그때에 예수를 판 유다가 그의 정죄됨을 보고 스스로 뉘우쳐 그 은 삼십을 대제사장들과 장로들에게 도로 갖다 주며 이르되 내가 무죄한 피를 팔고 죄를 범하였도다 하니 그들이 이르되 그것이 우리에게 무슨 상관이냐 네가 당하라 하거늘 유다가 은을 성소에 던져 넣고 물러가서 스스로 목매어 죽은지라 _마 27:3-5

🐟 예수님은 왜 유월절 어린양이 되셨을까?

유월절 만찬인 쎄데르 식사에서 메인 메뉴는 뭐니뭐니해도 양고기다. 양은 삶지 않고 반드시 석류나무 가지에 끼워 화덕에 구워야 했다. 특히 양을 구울 때 화덕에 닿지 않도록 주의해야 한다. 만약 화덕에 닿으면 그 부위를 잘라서 제거했다. 이는 유월절 양이 이물질과 접촉돼 부정해지는 것을 최대한 피하기 위해서다. 가난한 사람은 유월절 양을 화덕에 구운 후 여러 가지 야채를 넣고 수프를 만들어 먹었다. 이렇게 하면 적은 양의 고기로 여러 사람이 먹을 수 있기 때문이다.

요한복음의 저자인 요한은 예수님이 유월절 만찬의 하이라이트인 어린 양이 되심을 의도적으로 드러내고 있다. 바로 예수님의 십자가 사건을 어린 양의 피로 구원받은 출애굽 사건과 연결시키고 있는 것이다.

흠 없는 양

출애굽 때 먹은 양은 그 뼈를 꺾으면 안 되었다. 이는 흠 없는 양으로서 하나님께 드려졌기 때문이다.

> 한 집에서 먹되 그 고기를 조금도 집 밖으로 내지 말고 뼈도 꺾지 말지며 _출 12:46

십자가 처형 시 로마 군병들은 십자가에서 죄수를 내린 후 확인사살을 위해 다리뼈를 꺾는 게 보통이었다. 그러나 예수님과 함께 못 박힌 두 강도의 뼈는 꺾였지만 예수님의 뼈는 꺾이지 않았다. 요한은 이를 의도적으로 기록하고 있다.

> 군인들이 가서 예수와 함께 못 박힌 첫째 사람과 또 그 다른 사람의 다리를 꺾고 예수께 이르러서는 이미 죽으신 것을 보고 다리를 꺾지 아니하고 _요 19:32-33

3일간의 흑암 재앙과 3시간의 흑암

애굽의 바로를 심판하기 위해 내린 3일간의 흑암 재앙과 예수님이 십자가에 달려 계실 때 3시간 동안 해가 빛을 잃고 흑암이 임한 것을 복음서 기자들은 대비시키고 있다.

제육시로부터 온 땅에 어둠이 임하여 제구시까지 _마 27:45

모세가 하늘을 향하여 손을 내밀매 캄캄한 흑암이 삼 일 동안 애굽 온 땅에 있어서 _출 10:22

신 포도주를 우슬초에 찍어 줌

사복음서 중 요한만 예수님이 십자가 위에서 고통 받는 동안 로마 군 병들이 신 포도주를 우슬초에 찍어서 예수님의 입에 댔다고 구체적으로 기록하고 있다. 이 모습은 우슬초 묶음을 취해 어린 양의 피를 바른 사건 을 연상시키지 않는가?

우슬초 묶음을 가져다가 그릇에 담은 피에 적셔서 그 피를 문 인방 과 좌우 설주에 뿌리고 아침까지 한 사람도 자기 집 문 밖에 나가지 말라 _출 12:22

거기 신 포도주가 가득히 담긴 그릇이 있는지라 사람들이 신 포도 주를 적신 해면을 우슬초에 매어 예수의 입에 대니 _요 19:29

예수님은 왜 최후의 만찬장에서
자신을 참 포도나무로 선포하셨을까?

유월절 만찬과 참 포도나무

나는 포도나무요 너희는 가지라 그가 내 안에, 내가 그 안에 거하면 사람이 열매를 많이 맺나니 나를 떠나서는 너희가 아무 것도 할 수 없음이라 _요 15:5

자신을 '참 포도나무'로 비유하신 예수님의 말씀은 무척 유명하다. 그러나 예수님이 이 땅에서 보내신 마지막 유월절의 쎄데르 식사 중에 이 말씀을 하셨음을 아는 성도는 그리 많지 않다. 예수님은 왜 최후의 만찬장에서 포도나무의 비유를 통해 자신과 제자들의 관계를 말씀하셨을까? 왜 감람나무나 무화과나무가 아니고 포도나무일까? 포도나무의 비유는 예수님이 유월절 쎄데르에서 네 잔의 포도주를 마시면서 만찬을 마치신 후에 하신 말씀이다. 이것만큼 시의적절한 비유가 또 있겠는가? 포도나무 비유가 뜬금없이 튀어나온 게 아니라는 뜻이다.

왜 유월절에 네 잔의 포도주를 마실까?

네 잔의 포도주를 마시며 유월절 예식을 하는 유대인들의 풍습은 출애굽기 6장 6-8절 말씀에 기초하고 있다.

그러므로 이스라엘 자손에게 말하기를 나는 여호와라 내가 애굽 사람의 무거운 짐 밑에서 너희를 빼내며 그들의 노역에서 너희를 건지며 편 팔과 여러 큰 심판들로써 너희를 속량하여 너희를 내 백성으로 삼고 나는 너희의 하나님이 되리니 나는 애굽 사람의 무거운 짐 밑에서 너희를 빼낸 너희의 하나님 여호와인 줄 너희가 알지라 내가 아브라함과 이삭과 야곱에게 주기로 맹세한 땅으로 너희를 인도하고 그 땅을 너희에게 주어 기업을 삼게 하리라 나는 여호와라 하셨다 하라 _출 6:6-8

이 말씀은 이스라엘 백성을 애굽에서 꺼내신 하나님의 손길과 역사하심을 네 가지의 서로 다른 동사를 사용해 점진적으로 묘사하고 있다. 출애굽을 기념하는 절기인 유월절에 마시는 네 잔의 포도주는 여기서 비롯된 것이다.

"너희를 빼내며"
"노역에서 너희를 건지며"
"너희를 속량하여"
"아브라함과 이삭과 야곱에게 주기로 맹세한 땅으로 너희를 인도하고"

애굽의 노예 생활에서 해방된 기쁨을 기억하는 유월절에 '생명을 기쁘게 하는' 포도주를 마시는 것은 유대인들에게는 지극히 당연했다.

잔치는 희락을 위하여 베푸는 것이요 포도주는 생명을 기쁘게 하는 것이나 돈은 범사에 이용되느니라 _전 10:19

유월절 만찬 동안 네 잔의 포도주를 마시다 보면 웬만한 사람은 취기가 오르게 된다. 그래서 유대인들은 유월절에 마시는 포도주를 네 배로 희석시킨다. 즉 한 잔의 포도주에 세 잔의 물을 타는 것이다. 이렇게 하면 알코올 농도는 포도주 한 잔을 마시는 것과 같게 된다. 게다가 저녁 내내 유월절 예식과 함께 천천히 마시기 때문에 좀처럼 취하지 않는다.

잘못된 술 문화가 판치는 한국 사회에서 몇몇 성도들은 가나 혼인 잔치에서 물을 포도주로 바꾸신 예수님의 기적을 예로 들면서, 포도주는 성경에서 음료수에 지나지 않는다고 강변하기도 한다. 한 잔의 포도주를 네 배로 희석해서 저녁 내내 마시는 유대인의 포도주 문화는 술잔을 쉼없이 비워대며 '원샷'을 외치고, 여러 종류의 술을 섞어 폭탄주로 마시는 한국의 술 문화와 비교가 된다.

'술 마시고 술 권하는' 사회에 살면서 많은 성도들은 술을 거부하지 못하고 점차 '주(酒)가 내 안에, 내가 주(酒) 안에'를 읊으며 주정을 하기도 한다. 명절에는 서로 술을 권하며 거나하게 취하거나 화투를 치며 흥을 돋우는 모습을 많이 본다. 잘못된 술 문화가 판치는 한국 사회에 사는 성도들은 포도주를 음료수처럼 마시지만 결코 '술 취하지' 않도록 세심한 배려를 한 유대인들의 지혜를 배울 필요가 있겠다.

🏺 과실을 맺지 않는 가지는 제거해 버린다?

나는 포도나무요 너희는 가지라 그가 내 안에, 내가 그 안에 거하면

사람이 열매를 많이 맺나니 나를 떠나서는 너희가 아무 것도 할 수
없음이라 _요 15:5

예수님은 자신을 '참 포도나무'로, 제자들을 '가지'로 비유하셨다. 이
는 곧 있을 십자가의 죽음으로 인해 제자들과 이별해야 하는 예수님이
최후의 만찬을 정리하면서 주신 일종의 유언과 같은 말씀이다. 앞으로
제자들은 예수님 없이 스스로 생존하는 법을 배워야 한다. 이런 제자들
에게 예수님은 포도나무의 비유를 통해 '내 안에 거하라'는 분명하고도
확실한 방향을 주셨다.

무릇 내게 붙어 있어 열매를 맺지 아니하는 가지는 아버지께서 그것
을 제거해 버리시고 무릇 열매를 맺는 가지는 더 열매를 맺게 하려
하여 그것을 깨끗하게 하시느니라 _요 15:2

예수님의 포도나무 비유에는 두 종류의 서로 다른 가지가 나온다. 과
실을 맺지 못하는 가지와 과실을 맺는 가지가 그것이다. '농부'이신 하나
님은 과실을 맺지 못하는 가지를 '제거해 버리시고', 과실을 맺는 가지는
'깨끗하게 하신다'고 말씀하고 있다.

이 비유에서 우리는 포도나무의 '가지'에 해당하는데, 그렇다면 과연
나는 어떤 가지에 속할까? 과실을 잘 맺는 가지일까, 아니면 과실을 맺
지 못하는 가지일까? 세미나를 하면서 이런 질문을 던지면 많은 분들이
대답하기를 주저한다. 어떤 분은 "지금은 과실을 잘 맺지 못하지만 잘

맺기 위해 노력하는 가지"라고 대답하기도 한다. 그러나 본문에는 이런 제3의 가지는 없다. 단지 과실을 맺지 못하는 가지와 과실을 맺는 가지가 있을 뿐이다.

하나님이 동일한 질문을 하신다면 과연 "나는 과실을 잘 맺는 가지입니다"라고 당당히 대답할 수 있는 사람이 몇이나 될까? 어쩌면 "지금은 과실을 잘 맺지 못하지만 잘 맺기 위해 노력하고 있다"는 답이 가장 솔직한 대답일 듯싶다. 그러나 본문 말씀에 기초해서 보면, 이런 가지 역시 과실을 맺지 못하는 가지에 속할 뿐이다. 우리는 과실을 맺지 못하는 가지이므로 하나님이 싹둑 '제거해 버리실' 것이다. 과연 그럴까? 정말로 농부이신 하나님은 이런 가지들을 가차 없이 제거하실까? 그렇다면 제대로 붙어 있을, 제대로 남아날 가지가 있을까?

나는 대학교 1학년 때 선교단체에서 처음 신앙 생활을 시작했다. 당시 선교단체에서 군대처럼 절도 있는 신앙 훈련을 받으면서도 늘 요한복음 15장 2절 말씀이 뇌리에서 떠나지 않았다.

"과실을 맺지 못하는 가지는 제거해 버린다고 하셨는데, 하나님이 나를 제거해 버리면 어떻게 하지? 아니야, 혹시 벌써 제거해 버리신 건 아닐까?"

이 말씀은 참 포도나무의 비유 속에 나오는 유명한 말씀이지만, 말씀의 의미를 곰곰이 묵상하고 나 자신에게 적용해 본다면 그리 간단히 넘어갈 수 있는 말씀이 아니다. 여차하면 무시무시한 심판의 두려움에 떨게 할 수 있는 말씀이기 때문이다.

'제거해 버린다'는 '들어 주신다'

요한복음 15장 2절 말씀은 성서시대 이스라엘의 포도 농사법에서 나온 독특한 표현이다. 포도나무의 특징은 길게 뻗어나가는 가지에 있다. 오늘날에는 'Y'자 철사를 박아 놓기 때문에 포도나무 가지는 철사를 따라 감아 올라가면서 원없이 자랄 수 있다. 그러나 성서시대 이스라엘의 포도 재배법은 오늘날과 전혀 달랐다. 당시에는 철사가 귀했으므로 포도 가지는 뱀처럼 땅을 기어갈 수밖에 없었다.

그런데 문제는 땅에 닿은 포도 가지는 열매를 제대로 맺을 수 없다는 것이다. '우기'에는 땅에 닿은 부분이 습기로 인해 썩고, '건기'에는 자체적인 뿌리를 내리다 보니 본뿌리에서 영양분을 제대로 공급받지 못하기 때문이다.

성서시대 농부들은 땅바닥에 닿아 과실을 맺지 못하는 가지를 적절하게 처리해 주어야 했다. 이때 방법은 가지를 '들어 주어' 밑에 돌을 괴어 놓음으로써 과실을 잘 맺도록 도와주는 것이다. 반면 과실을 잘 맺는 가지는 잔가지를 쳐주는 전정작업을 통해 자잘한 포도 열매가 아니라 극상품의 포도 열매를 맺도록 도와주어야 한다.

이처럼 성서시대 포도 농사에서 농부가 신경 써야 할 두 가지 작업은, 땅바닥에 닿아 과실을 맺지 못하는 가지는 밑에 돌을 괴어 '들어 주고', 과실을 맺는 가지는 깨끗하게 '잔가지 치기'를 해주어 극상품의 포도를 맺도록 하는 것이다.

우리말 성경에는 과실을 맺지 못하는 가지를 '제거해 버린다'고 번역되어 있는데, 이는 성서시대 포도 농사법을 알지 못한 데서 비롯된 잘못된

성서시대 이스라엘의 포도 재배법

현대 이스라엘의 포도 재배법

번역이다. 물론 영어 성경에도 'cut off' 또는 'take away'로 번역해 우리말 성경과 똑같은 오류를 범하고 있다. 여기서 '제거해 버린다'는 말은 당연히 '들어 주신다'로 고쳐야 한다. 잔가지를 쳐주며 제거해 버리는 가지는 오히려 과실을 잘 맺는 가지이기 때문이다.

그러면 왜 영어 성경과 우리말 성경은 이 부분에서 오역을 한 것일까? 이는 '제거해 버린다'에 해당하는 헬라어 원어 속에 그 해답이 있다. 헬라어 '아이로'($\alpha \acute{\iota} \rho \omega$)는 '제거해 버린다'(take away)와 '들어 주다'(life up)의 의미를 모두 가지고 있다. 우리말 '눈'이 하늘에서 내리는 '눈'(snow)과 사람 얼굴에 있는 '눈'(eye)의 의미를 모두 가지고 있는 것과 같은 이치다.

헬라어 '아이로'가 어떤 뜻을 갖느냐는 문맥을 통해서 구별할 수밖에 없는데, 성서시대 포도 농사법을 알지 못하면 요한복음 15장 2절 말씀을 단순히 '제거해 버린다'로 오역할 수 있다. 이것이 아무리 히브리어와 헬라어의 어휘 실력이 뛰어나도 성경 번역에 오류가 발생할 수 있는 이유다.

그런데 더 큰 문제는 번역상의 오류가 말씀을 전혀 다른 의미로 만들어 버릴 수 있다는 데 있다. 땅바닥에 닿아 과실을 맺지 못하는 가지를 '제거해 버린다'고 해석하면 무시무시한 심판으로 이해되지만, '들어 주신다'고 해석하면 연약한 우리들을 위로해 주는 놀라운 권면의 말씀이 되는 것이다.

우리 한 사람 한 사람은 포도나무의 가지들이다. 때로 과실을 맺지 못할 수도 있고 잘 맺을 수도 있지만, 상황과 결과에 따라 그렇게 요동하지 않아도 된다. 농부이신 하나님께서 과실을 맺지 못하는 가지는 들어 주시고, 잘 맺는 가지는 잔가지를 쳐서 하나님이 기뻐하시는 최상급의 포도 열매를 맺도록 부지런히 일하시기 때문이다. 그러므로 가지에 불과한 우리들은 그저 참 포도나무이신 예수님께 붙어 있기만 하면 된다. 아무리 힘들어도 가룟 유다처럼 은혜의 자리를 박차고 뛰쳐나가지만 않으면 된다. 가지가 좋은 과실을 맺는 최상의 방법은 그저 '진득하게 버티기'이다.

유월절과 관련된 신구약의 본문들은 무엇일까?

유월절과 관련된 숨은 본문들

이스라엘 민족의 정체성을 형성하는 데 역사적인 이정표(milestone)가 된 '출애굽'을 기념하는 절기인 유월절은 유대인들의 최고 명절로서 신구약 성경의 본문 속에 자주 드러난다. 때로는 유월절과 관련된 언급이 간접적이라 놓치기 쉽기 때문에 '숨은 본문들'이기도 하다. 유대인들의 성서주석인 〈미드라쉬〉는 이방의 그리스도인들이 도저히 찾아낼 수 없는 또 다른 유월절 관련 본문들을 제시하고 있다. 물론 그들의 해석이 모두 옳다고 할 수는 없지만, 성경이 탄생한 본고장에서 한 해석이라 충분히 참고할 만하다고 생각되어 이 장에서 소개하고자 한다.

히스기야가 유월절을 지킴

> 히스기야가 온 이스라엘과 유다에 사람을 보내고 또 에브라임과 므낫세에 편지를 보내어 예루살렘 여호와의 전에 와서 이스라엘 하나님 여호와를 위하여 유월절을 지키라 하니라 _대하 30:1

이스라엘은 남북의 두 왕조로 분열되었는데 그나마 남유다에서 선한 왕들이 몇 명 배출되었다. 아사, 여호사밧으로 시작되는 하나님을 경외하는 선한 왕들의 계보가 그것이다. 그러나 북이스라엘은 왕조의 창시자인 여로보암을 좇아 우상숭배의 길로 가는 바람에 열왕기서의 기록에 따르면 선한 왕을 한 명도 찾아볼 수가 없다.

남유다의 선한 왕들 중 가장 독보적인 존재를 들라고 하면 히스기야와 요시야 왕일 것이다. 히스기야 왕의 통치기는 이스라엘 왕국 시대의 역사에서 가장 격변의 시절이었다. 중근동 최고의 제국이던 아시리아(성경의 앗수르)가 제국주의적 팽창 정책을 노골화하면서 주변의 고만고만한 강국들이 지도에서 사라졌기 때문이다. 이때 북이스라엘도 멸망했는데(기원전 722년), 이로써 남유다는 북이스라엘이라고 하는 보호막이 사라진 채 거대한 제국 아시리아와 직접 대면하게 되었다.

국가적 위기의 때에 히스기야 왕의 믿음은 더욱 빛을 발했다. 그는 멸망한 북이스라엘의 지파인 에브라임과 므낫세까지 아우르며 전 이스라엘 땅에 대대적인 유월절 행사를 공표했다. 히스기야 왕은 '이스라엘'이라고 하는 하나의 민족을 빚어낸 출애굽 역사를 기념하는 유월절을 패망한 북이스라엘의 난민들까지 흡수해서 지킴으로써 분열된 다윗 왕조의 부흥을 꿈꾸었을 것이다.

🍶 요시야가 유월절을 지킴

> 요시야가 예루살렘에서 여호와께 유월절을 지켜 첫째 달 열넷째 날에 유월절 어린 양을 잡으니라 _대하 35:1

남유다에서 마지막 부흥의 불꽃을 피운 요시야 왕은 아시리아 제국의 절정기에 왕이 된 히스기야 왕과 달리 아시리아 제국의 패망기에 유다 왕으로 통치했다. 요시야는 아시리아 제국의 봉신으로 만족했던 므낫세,

요시야의 종교개혁을 보여 주는 북쪽 단 성문 옆의 산당

아몬과 같은 선왕들과는 달리, 분명 믿음과 패기에서 출중한 인물이었다. 천우신조로 요시야의 통치기(기원전 639~609년)에 아시리아 제국은 여러 멸망의 징조를 보이다가 마침내 패망에 이르게 된다(기원전 612년).

요시야는 아시리아의 쇠퇴기를 이용해 북이스라엘의 가장 북쪽인 납달리 땅까지 포함하는 광범위한 유월절 행사를 계획했다. 아시리아의 쇠퇴기로 인해 아시리아의 속주로 병합된 북이스라엘도 어느 정도 자치를 이룬 듯하다. 요시야는 떨어져 나간 북이스라엘을 다윗 왕조의 이름으로 복속시키고 잠시나마 통일 이스라엘의 왕으로서 유월절 행사를 주관했던 것 같다.

🪔 수심이 가득한 느헤미야

아닥사스다 왕 제이십년 니산월에 왕 앞에 포도주가 있기로 내가 그 포도주를 왕에게 드렸는데 이전에는 내가 왕 앞에서 수심이 없었더니 왕이 내게 이르시되 네가 병이 없거늘 어찌하여 얼굴에 수심이 있느냐 이는 필연 네 마음에 근심이 있음이로다 하더라 그때에 내가 크게 두려워하여 _ 느 2:1-2

페르시아 아닥사스다 왕의 술 맡는 관원장이었던 느헤미야는 왕 앞에서 수심을 드러내는 불충을 저질렀다. 당시 아무리 개인적인 슬픔이 있어도 왕 앞에서 수심을 드러내는 것은 용납하기 어려운 죄였다. 그러나 느헤미야는 왕궁에서 아닥사스다 왕의 특별한 은총을 입었던 것 같다. 왕 앞에 선 느헤미야도 주체할 수 없었던 수심은 바로 유월절과 관련이 있는 것으로 보인다. 유월절이 있는 '니산월'에도 고국을 방문하지 못하고 이역만리에 있는 자신과, 또한 형제인 하나니로부터 들은 예루살렘의 소식으로 인해 그는 짓누르는 수심을 주체하지 못했을 것이다.

> 내 형제들 가운데 하나인 하나니가 두어 사람과 함께 유다에서 내게 이르렀기로 내가 그 사로잡힘을 면하고 남아 있는 유다와 예루살렘 사람들의 형편을 물은즉 그들이 내게 이르되 사로잡힘을 면하고 남아 있는 자들이 그 지방 거기에서 큰 환난을 당하고 능욕을 받으며 예루살렘 성은 허물어지고 성문들은 불탔다 하는지라 _느 1:2-3

🏺 스룹바벨 성전은 언제 완공됐을까?

> 다리오 왕 제육년 아달월 삼일에 성전 일을 끝내니라 _스 6:15

> 사로잡혔던 자의 자손이 첫째 달 십사일에 유월절을 지키되 제사장들과 레위 사람들이 일제히 몸을 정결하게 하여 다 정결하매 사로잡혔던 자들의 모든 자손과 자기 형제 제사장들과 자기를 위하여 유월절 양을 잡으니 _스 6:19-20

70년간의 바벨론 포로 생활의 기한이 차자 하나님은 페르시아 고레스 왕의 칙령을 통해 잡혀 온 유다 포로들이 자유롭게 고국으로 돌아갈 수 있도록 공표했다. 이때 돌아온 포로들은 지도자 스룹바벨과 제사장 예수아의 리더십 아래 무너진 성전을 건축하였는데, 공사를 완공한 때가 페르시아 세 번째 왕인 다리오 통치 6년의 아달월 삼 일이었다(기원전 515년). 아달월(3월경)은 유월절이 있는 니산월의 바로 전달이다. 황소 100마리, 숫양 200마리, 어린 양 400마리를 성전 봉헌식 제사에서 드리고, 곧이어 시작된 유월절 절기를 함께 축하했다. 바벨론에서 돌아온 포로들은 애굽의 노예 생활에서 해방된 것을 즐거워하는 유월절 절기에 성전을 봉헌하고 유월절을 기념하였으니 그 감회가 남달랐을 것이다.

🏺 베드로가 감옥에서 풀려난 때는?

유대인들이 이 일을 기뻐하는 것을 보고 베드로도 잡으려 할새 때는 무교절 기간이라 잡으매 옥에 가두어 군인 넷씩인 네 패에게 맡겨 지키고 유월절 후에 백성 앞에 끌어 내고자 하더라 _행 12:3-4

오순절 성령 강림으로 탄생한 예루살렘의 초대교회는 베드로가 감옥에 갇히면서 큰 위기에 직면하게 되었다. 전 교인은 초대교회의 수장인 베드로를 위해 금식하며 합심하여 기도했을 것이다. 그런데 열심히 기도하던 이들도 전혀 예상하지 못했던 놀라운 기적의 역사가 일어났다. 하나님이 천사를 보내 베드로를 직접 감옥에서 구원하신 것이다.

> 홀연히 주의 사자가 나타나매 옥중에 광채가 빛나며 또 베드로의
> 옆구리를 쳐 깨워 이르되 급히 일어나라 하니 쇠사슬이 그 손에서 벗
> 어지더라 _행 12:7

전혀 예상치 못한 기도 응답으로 인해 이들은 베드로를 보고도 자신의 눈을 의심하고 유령으로 생각할 정도였다.

> 그들이 말하되 네가 미쳤다 하나 여자 아이는 힘써 말하되 참말이라
> 하니 그들이 말하되 그러면 그의 천사라 하더라 _행 12:15

베드로가 하나님이 보내신 천사의 도움을 받아 감옥에서 구원받은 날은 다름 아닌 이스라엘 백성이 애굽에서 구원받은 유월절이었다. 시의적절한 때에 일어난 하나님의 능력의 역사 앞에 이들은 상당한 쇼크를 받았을 것이다.

〈미드라쉬〉의 '숨어 있는' 유월절 관련 본문들

유대인들의 성서 주석인 〈미드라쉬〉는 이외에도 유월절과 관련된 숨어 있는 본문들을 몇 가지 더 제시하고 있다.

하나님이 아브라함에게 나타나신 공포의 밤에 후손들에게 임할 미래를 예언해 준 날도 유월절이다.

해 질 때에 아브람에게 깊은 잠이 임하고 큰 흑암과 두려움이 그에게 임하였더니 여호와께서 아브람에게 이르시되 너는 반드시 알라 네 자손이 이방에서 객이 되어 그들을 섬기겠고 그들은 사백 년 동안 네 자손을 괴롭히리니 그들이 섬기는 나라를 내가 징벌할지며 그 후에 네 자손이 큰 재물을 이끌고 나오리라 _창 15:12-14

기드온이 미디안 진영을 침투할 때 미디안 군사가 꿈에서 본 보리떡 한 덩어리는 유월절 이후 초실절에 첫 열매로 바친 보리로 만든 것이다.

기드온이 그곳에 이른즉 어떤 사람이 그의 친구에게 꿈을 말하여 이르기를 보라 내가 한 꿈을 꾸었는데 꿈에 보리떡 한 덩어리가 미디안 진영으로 굴러 들어와 한 장막에 이르러 그것을 쳐서 무너뜨려 위쪽으로 엎으니 그 장막이 쓰러지더라 _삿 7:13

아시리아의 산헤립이 놉에 진치고 히스기야 왕을 위협할 때 여호와의 사자가 나타나 아시리아를 패퇴시킨 날도 유월절이다.

내가 나와 나의 종 다윗을 위하여 이 성을 보호하여 구원하리라 하셨나이다 하였더라 이 밤에 여호와의 사자가 나와서 앗수르 진영에서 군사 십팔만 오천 명을 친지라 아침에 일찍이 일어나 보니 다 송장이 되었더라 _왕하 19:34-35

바벨론의 마지막 왕인 벨사살 때에 신비의 손가락이 나타나 바벨론의 운명을 벽에 기록한 날도 유월절이다.

그때에 사람의 손가락들이 나타나서 왕궁 촛대 맞은편 석회벽에 글자를 쓰는데 왕이 그 글자 쓰는 손가락을 본지라 _단 5:5

기록된 글자는 이것이니 곧 메네 메네 데겔 우바르신이라 그 글을 해석하건대 메네는 하나님이 이미 왕의 나라의 시대를 세어서 그것을 끝나게 하셨다 함이요 데겔은 왕을 저울에 달아 보니 부족함이 보였다 함이요 베레스는 왕의 나라가 나뉘어서 메대와 바사 사람에게 준 바 되었다 함이니이다 하니 _단 5:25-28

CHAPTER

11

예수님의 부활은 왜
잠자는 자들의 '첫 열매'가 될까?

초실절과 첫 열매

성전에서 첫 열매 보릿단을 곱게 갈고 있다

예수님의 '부활'은 십자가에서 죽으심과 함께 기독교를 다른 종교와 구별시키는 핵심적인 진리에 속한다. 성경은 예수님의 부활을 가리켜 '첫 열매'라는 독특한 표현으로 묘사한다.

> 그러나 이제 그리스도께서 죽은 자 가운데서 다시 살아나사 잠자는 자들의 첫 열매가 되셨도다 _고전 15:20

> 그러나 각각 자기 차례대로 되니 먼저는 첫 열매인 그리스도요 다음에는 그가 강림하실 때에 그리스도에게 속한 자요 _고전 15:23

예수님의 부활은 왜 잠자는 자들의 '첫 열매'가 되실까? 그리고 첫 열매로 부활하신 예수님이 왜 강림하실 때 모든 신자들에게 일어날 부활에 대한 확실한 보증이 될까?

유대인들에게 '첫 열매'란?

'첫사랑', '첫날밤'과 같이 어떤 이미지를 주는 단어가 있다. 이런 이미지들은 그들이 속한 문화와 풍습에 따라 다르다. '첫 열매'라는 단어 역시 한국의 성도들이 받아들이는 의미와 유대인들이 느끼는 의미가 다르다.

유대인들은 '첫 열매' 하면 애굽의 바로(Pharaoh)에게 결정타를 날렸던 '장자 재앙'을 떠올린다. 이스라엘은 하나님의 장자이고, 애굽의 장자를 쳐서 하나님의 장자 백성인 이스라엘을 구원한 사건이 출애굽인 것이다.

> 너는 바로에게 이르기를 여호와의 말씀에 이스라엘은 내 아들 내 장
> 자라 내가 네게 이르기를 내 아들을 보내 주어 나를 섬기게 하라 하
> 여도 네가 보내 주기를 거절하니 내가 네 아들 네 장자를 죽이리라
> 하셨다 하라 하시니라 _출 4:22-23

첫 열매를 히브리어로 '비쿠르'(ביכור)라 하고, 장자 재앙을 '마카트 브
코로트'(מכת בכורות)라고 하는데, '비쿠르'와 '브코로트'는 동일한 어원에
서 파생된 단어들이다. '첫' 아들(장자)과 '첫' 열매는 모두 '처음 것'을 의
미하며, '첫'에 해당하는 단어가 '비쿠르'다.

애굽의 바로에게 결정타가 된 장자 재앙을 통해 애굽의 노예 상태에서
벗어난 이스라엘 백성에게 '첫 열매'는 자유와 해방을 가져다준 가슴 벅
찬 단어가 아니겠는가?

첫 열매와 초실절은 어떤 관계가 있나?

유대력으로 첫째 달인 니산월 15일부터 21일까지 일주일 동안은 누
룩이 들어가지 않은 빵인 무교병을 먹는다. 무교병을 히브리어로 '마짜'
(מצה)라고 하는데, 마짜를 먹는 일주일을 '무교절'이라고 부른다.

일주일간의 무교절 중 안식일이 지난 다음날이 바로 '초실절'이다. 그

러므로 초실절은 늘 일요일이었다. 초실절은 이때 첫 열매를 성전에 바쳤기 때문에 붙여진 이름이다.

안식일이 지나고 동이 트면 사람들은 유월절(니산월 14일)에 묶어 두었던 보릿단을 자르러 보리밭으로 갔다. 수많은 사람들의 박수갈채를 받으며 보릿단을 낫으로 베고, 첫 열매로 거둔 이 보릿단을 성전 뜰로 가지고 갔다. 제사장은 이 보릿단을 가지고 번제단 북동쪽에 서서 지성소가 있는 서쪽을 향해 흔들었다.

> 이스라엘 자손에게 말하여 이르라 너희는 내가 너희에게 주는 땅에 들어가서 너희의 곡물을 거둘 때에 너희의 곡물의 첫 이삭 한 단을 제사장에게로 가져갈 것이요 제사장은 너희를 위하여 그 단을 여호와 앞에 기쁘게 받으심이 되도록 흔들되 안식일 이튿날에 흔들 것이며 _레 23:10-11

이후 보릿단은 갈아서 곱게 체질을 해서 소제(meal offering)로 바쳤다. 한 줌의 보릿가루를 번제단의 불에 던져 태우고 한 마리의 숫양을 번제로 바쳤다. 남은 보릿가루는 제사장이 먹었다. 이것이 성서시대 초실절에 성전에서 드려지던 제사였다.

> 너는 첫 이삭의 소제를 여호와께 드리거든 첫 이삭을 볶아 찧은 것으로 네 소제를 삼되 그 위에 기름을 붓고 그 위에 유향을 더할지니 이는 소제니라 _레 2:14-15

너희가 그 단을 흔드는 날에 일 년 되고 흠 없는 숫양을 여호와께 번제로 드리고 그 소제로는 기름 섞은 고운 가루 십분의 이 에바를 여호와께 드려 화제로 삼아 향기로운 냄새가 되게 하고 전제로는 포도주 사분의 일 힌을 쓸 것이며 _레 23:12-13

이렇게 첫 열매 제사가 성전에서 드려진 후에 예루살렘 시장에서는 곡식 판매가 시작되었고 추수한 곡식을 먹을 수 있었다.

초실절 제사를 드린 후 곡식 판매가 시작된 예루살렘 시장

🏺 예수님은 언제 부활하셨나?

> 안식일이 지나매 막달라 마리아와 야고보의 어머니 마리아와 또 살
> 로메가 가서 예수께 바르기 위하여 향품을 사 두었다가 안식 후
> 첫날 매우 일찍이 해 돋을 때에 그 무덤으로 가며 _막 16:1-2

유월절에 돌아가신 예수님이 부활하신 날은 바로 안식일이 지난 다음 날이었다. 이때 '마리아'로 불리는 무리 일행이 슬픔에 겨워 예수님의 무덤으로 향하였다. 이날은 다름 아닌 '초실절'이었다. 초실절 아침 동이 트자마자 많은 사람들이 첫 열매로 거둘 보릿단을 베러 보리밭으로 향하고 있을 그때에 마리아 일행은 예수님의 무덤으로 향하고 있는 것이다.

유대 문헌인 〈미쉬나〉에 보면, 초실절에 성전에 바치는 보리는 갈릴리 북쪽에 있는 게네사렛 평야에서 온 것이라고 한다. 갈릴리 지역은 화산 폭발로 인해 형성된 검은색의 현무암이 주류를 이룬다. 이로 인해 갈릴리 북쪽의 게네사렛 평야의 토양은 현무암이 풍화된 검은색의 흙으로 유명하다. 검은색의 흙은 태양 빛을 오랫동안 흡수한다. 때문에 다른 지역에 비해 게네사렛 평야에서 가장 먼저 보리 수확이 이루어졌던 것이다.

해발 800m의 산지 지역에 위치한 예루살렘은 이후로 한두 달이 지나서야 보리 수확을 할 수 있었다. 게네사렛 평야에서 거둔 첫 열매 보릿단으로 초실절 제사를 드리는 것은, 이후에 이스라엘 전 지역에서 순차적으로 거두어 들일 추수를 기대하는 믿음의 표현이다.

이처럼 '부분이 전체를 대표한다'는 것이 구약성경에 나타난 유대인들

의 사상이다. 밭의 첫 수확, 과실의 첫 과일, 양 무리의 첫 양을 드리는 것은 '일부'를 드림으로 '전체'에 대한 감사를 표현하는 성경의 방식이요 유대인의 방식이다. 이러한 사고는 유대인 바울이 저술한 로마서에서도 드러난다.

> 제사하는 처음 익은 곡식 가루가 거룩한즉 떡덩이도 그러하고 뿌리가 거룩한즉 가지도 그러하니라 _롬 11:16

성전에 첫 열매를 바치며 초실절 행사를 하던 그 시각에 예수님은 부활하셨다. 그런 점에서 예수님의 부활은 그리스도 안에서 잠자는 자들에게 '첫 열매'가 되신다.

> 그러나 이제 그리스도께서 죽은 자 가운데서 다시 살아나사 잠자는 자들의 첫 열매가 되셨도다 _고전 15:20

게네사렛 평야의 첫 열매 보리를 시작으로 이스라엘 전 지역에서 순차적으로 보리 수확이 이루어지듯이, 예수님의 부활은 첫 열매로서 장차 있을 완전한 추수, 즉 모든 성도들의 부활을 기대하도록 만든다. 그런 점에서 '첫 열매'로 부활하신 예수님은 그리스도 안에서 죽은 자들이 예수님의 재림과 함께 부활에 참여하게 될 것이라는 강력한 보증이요 예표가된다.

> 그러나 각각 자기 차례대로 되리니 먼저는 첫 열매인 그리스도요 다음에는 그가 강림하실 때에 그리스도에게 속한 자요 _고전 15:23

예수님 당시 성전에 바쳐진 첫 열매 보리는 게네사렛 평야에서 수확한 것이라고 이미 말했다. 게네사렛 평야는 가버나움, 고라신, 벳새다를 잇는 삼각형의 지역이다. 이곳은 예수님이 가장 왕성하게 복음 사역을 하신 활동 무대였다. 게네사렛 평야의 보리를 성전에 첫 열매로 바쳤듯이, 그곳에서 가장 왕성한 사역을 하신 예수님이 초실절에 부활하심으로 잠자는 자들의 '첫 열매'가 되신 사건은 과연 단순한 우연의 일치에 불과할까? 이것은 인류 구속을 향한 파노라마 속에 이미 창세 전부터 정교하게 계획하신 경륜으로밖에 설명할 수 없지 않은가?

그러나 '등잔 밑이 어둡다'고 했던가! 예수님의 가장 왕성한 사역으로 수많은 기적들을 체험한 이 지역 사람들은 복음을 받아들이지 않았다. 결국 예수님이 저주하신 3개 도시에 이 도시들이 모두 속하게 된 것이다.

> 화 있을진저 고라신아 화 있을진저 벳새다야 너희에게 행한 모든 권능을 두로와 시돈에서 행하였더라면 그들이 벌써 베옷을 입고 재에 앉아 회개하였으리라 내가 너희에게 이르노니 심판 날에 두로와 시돈이 너희보다 견디기 쉬우리라 가버나움아 네가 하늘에까지 높아지겠느냐 음부에까지 낮아지리라 네게 행한 모든 권능을 소돔에서 행하였더라면 그 성이 오늘까지 있었으리라 _마 11:21-23

CHAPTER

12

성소에서 왜 떡상은 북쪽에, 촛대는 남쪽에 배치할까?

오순절과 쉐마 이스라엘

이스라엘아 들으라 우리 하나님 여호와는 오직 유일한 여호와이시
니 _신 6:4

히브리어로 '쉐마 이스라엘'(שמע ישראל, 이스라엘아 들으라)로 시작되
는 기도문은 2차 세계대전 당시 아우슈비츠 수용소에서 죽음의 가스실
로 향하던 유대인들이 드린 대표적인 기도문이다. 디아스포라로 불리는
2000년간의 방랑 생활 중에도 전 세계에 흩어진 유대인들을 하나의 정
체성으로 묶어 준 '쉐마 이스라엘' 기도문이 오순절과 관련 있다는 사실
을 아는 사람은 별로 없을 것이다.

아울러 성소에서 북쪽에 배치된 '떡상'과 남쪽에 배치된 '촛대'가 '쉐마
이스라엘' 기도문과 관계 있다는 사실도 잘 알지 못할 것이다. '오순절
성령 강림'으로 알려진 오순절에 우리가 알지 못하는 어떤 특별한 의미가
있는 걸까? 힌트는 오순절 즈음에 이루어지는 추수와 이스라엘의 날씨
에 있다. 이제 '쉐마 이스라엘' 기도문이 성소의 떡상과 촛대의 배치와 어
떤 관련이 있는지 알아보도록 하자.

가나안 7대 소산물과 야곱이 바친 가나안 진상품

가나안 7대 소산물

신명기에서 언급한 가나안 땅의 7대 소산물은 2개의 곡식(밀, 보리)과 5
개의 여름 과실(포도, 무화과, 석류, 올리브, 대추야자)로 이루어져 있다.

네 하나님 여호와께서 너를 아름다운 땅에 이르게 하시나니 그 곳은
골짜기든지 산지든지 시내와 분천과 샘이 흐르고 밀과 보리의 소산
지요 포도와 무화과와 석류와 감람나무와 꿀의 소산지라 _신 8:7–8

가나안 소산물로 열거된 작물 가운데 마지막에 나오는 것이 우리말
성경에는 '꿀'로 번역되어 있는데, 이는 성서시대의 유대인들에게는 특별
하게 설명을 하지 않아도 '대추야자 꿀'로 인식되었다. 가나안 7대 소산
물은 히브리어로 '쉐바 미님'(שבע מינים)이라고 불리며, 유대인 예술가들의
작품에 대표적인 소재로 등장해 왔다.

야곱이 바친 가나안 진상품

가나안에 기근이 심하고 애굽에서 가져온 곡식이 떨어지자 야곱은 할
수 없이 자식들을 다시 애굽으로 보내야 했는데, 이때 애굽에는 없는 가
나안 땅의 진상품을 싸서 챙겨 주었다.

그들의 아비 이스라엘이 그들에게 이르되 그러할찐대 이렇게 하라
너희는 이 땅의 아름다운 소산을 그릇에 담아가지고 내려가서 그
사람에게 예물을 삼을찌니 곧 유향 조금과 꿀 조금과 향품과 몰약
과 비자와 파단행이니라 _창 43:11(개역한글)

총애하는 막내 아들 베냐민에게 혹시라도 화가 미칠까 봐 애굽 총리
의 마음을 누그러뜨리려는 생각에서였다. '이 땅의 아름다운 소산'으로

나오는 가나안 특산품(the choice product of the land)은 유향, 꿀(쥐엄열매 꿀), 향품, 몰약, 비자(피스타치오), 파단행(아몬드)이었다.

야곱이 애굽 총리에게 바친 진상품과 신명기에 나오는 가나안 7대 소산물은 서로 다르다. 또한 동일하게 '꿀'로 번역된 단어는 각각 '쥐엄열매 꿀'과 '대추야자 꿀'로 다르게 해석되어야 한다. 두 개의 그룹 간에 생긴 차이점은 어디서 비롯된 것일까?

🫖 오순절은 언제인가?

초실절과 칠칠절 사이: 운명의 7주간

니산월 15일부터 21일까지의 일주일은 누룩이 들어가지 않은 **빵**을 먹는 무교절이다. 이 일주일의 무교절 기간 중에서 안식일 다음날이 초실절이다.

> 안식일 이튿날 곧 너희가 요제로 곡식단을 가져온 날부터 세어서 일
> 곱 안식일의 수효를 채우고 일곱 안식일 이튿날까지 합하여 오십 일
> 을 계수하여 새 소제를 여호와께 드리되 _레 23:15-16

초실절에는 갈릴리 북쪽의 게네사렛 평야에서 처음 익은 보릿단을 베어 예루살렘 성전에 바친다. 성전에 바쳐진 첫 보릿단을 히브리어로 '오메르'(עומר)라고 하는데, 이날부터 7주 후에 있는 칠칠절의 절기까지 매일

카운트다운에 들어가는 '운명의 7주간'이 시작된다. 오메르 1, 오메르 2, 오메르 3, 오메르 4…… 오메르 48, 오메르 49.

성서시대 가나안 땅의 농부들에게 '초실절부터 칠칠절 사이'의 7주간은 오늘날 대입 수능시험을 앞둔 수험생들이 조마조마한 마음으로 D-day를 향하여 하루하루 카운트다운에 들어가는 것과 같았다. 이 7주간은 가나안 농부들에게 어떤 의미가 있었으며, 그들은 왜 마음을 졸이며 '오메르 계수(count)'로 불리는 카운드다운에 들어간 것일까?

비구름의 북서풍과 사막의 남동풍

초실절부터 칠칠절까지 노심초사하며 '오메르 계수'에 들어가는 7주 동안 이스라엘에서는 비구름을 동반한 '북서풍'과 사막의 '남동풍'이 교대로 불었다. 이맘때쯤 올리브 나무에 막 꽃봉오리가 터지기 시작하는지라 북서풍이 불면 그야말로 치명적이다. 이 시기엔 뜨겁고 건조한 사막의 남동풍이 불어 주어야 한다. 그래야 올리브 꽃가루가 바람에 날려 주변에 있는 암술과 만나 꽃을 활짝 피우게 된다. 이러한 상황은 포도, 석류, 대추야자 등 가나안 땅의 여름 과실들에게 모두 동일하게 적용된다.

그러나 아이러니하게도 이맘때쯤에는 밀이 3분의 1 정도 익은 때다. 이 기간에 차가운 북서풍이 불어야 전분(starch)이 가득한 밀 이삭으로 영글게 된다. 이때 만약 뜨거운 남동풍이 불면 밀 수확은 격감하게 된다.

우리말 속담에 어머니는 비가 오면 짚신 장수 아들이 걱정돼서 울고, 해가 뜨면 우산 장수 아들이 걱정돼서 운다는 말이 있는데 이스라엘에도 이런 어머니의 갈등이 일어나는 것이다. 비구름의 북서풍이 불면 여름 과실 농사를 망치게 되고, 사막의 남동풍이 불면 밀 농사를 망치게 되니 참으로 난감하지 않은가? 이 기간 동안 가나안 농부들에게 가장 이상적인 날씨는 오메르 계수의 첫 주간에는 북서풍이 불고 나머지 6주간에는 남동풍이 부는 것이다. 이렇게 되어야 밀과 여름 과실의 수확이 모두 풍년이 된다. 오메르 계수가 끝나는 칠칠절 즈음은 이스라엘에서 밀 추수기에 속한다. 만약 밀 수확기인 칠칠절 즈음에 비구름을 동반한 북서풍이 분다면 한 해의 밀 농사는 완전히 망치게 되고, 그 해에는 수많은 아사자(餓死者)들이 발생할 것이다.

이러한 이스라엘의 날씨와 농부들의 애타는 심정을 이해할 때, 여호와를 버리고 왕을 구하는 악을 행한 이스라엘 백성을 향한 사무엘의 경고 메시지가 생동감 있게 와 닿을 것이다. 당시는 밀을 수확하는 칠칠절 즈음이었고, 하나님은 왕을 구하는 이스라엘의 죄악을 심판하시기 위해 비구름을 동반한 북서풍을 불게 하셨다. 이때 백성은 "우리로 죽지 않게 하소서!"(save us from the death)라고 절규에 가까운 탄식의 기도를 하였다. '비 한 번 왔다고 죽지 않게 해달라고 아우성일까' 싶겠지만, 이는 이스라엘의 기후와 그에 따른 농사의 수확을 알지 못해서 하는 말이다.

오늘은 밀 베는 때가 아니냐 내가 여호와께 아뢰리니 여호와께서 우레와 비를 보내사 너희가 왕을 구한 일 곧 여호와의 목전에서 범한 죄악이 큼을 너희에게 밝히 알게 하시리라 이에 사무엘이 여호와께 아뢰매 여호와께서 그날에 우레와 비를 보내시니 모든 백성이 여호와와 사무엘을 크게 두려워하니라 모든 백성이 사무엘에게 이르되 당신의 종들을 위하여 당신의 하나님 여호와께 기도하여 우리가 죽지 않게 하소서 우리가 우리의 모든 죄에 왕을 구하는 악을 더하였나이다 _삼상 12:17-19

사무엘의 경고는 왕을 구하는 악을 행한 백성에게 내릴 수 있는 가장 참혹한 심판의 경고였다. 밀 수확기인 칠칠절에 내린 비와 우박으로 인해 이스라엘 농부들이 1년간 수고한 모든 고생이 일순간에 '말짱 도루묵'으로 돌아가는 상황이 된 것이다.

북쪽의 떡상과 남쪽의 촛대

오메르 계수 기간 동안의 미묘한 날씨 변화를 이해할 때 성소 안에 있는 떡상과 촛대의 독특한 배치와 관련된 수수께끼도 쉽게 풀린다. 입구가 동쪽에 있는 성전의 구조를 염두에 둘 때 성소에 들어가면 오른쪽, 즉 북쪽에 떡상이 배치되어 있음을 알 수 있다. 떡상에 올려놓는 진설병은 밀을 곱게 갈아서 만든다. 이것은 오메르 계수 기간 동안 북서풍이 불어야 풍작이 가능한 밀 수확에 대한 기원을 담고 있다.

성소에 들어가면 왼쪽, 즉 남쪽에 촛대가 배치되어 있는데, 이것 역시 같은 맥락에서 이해할 수 있다. 촛대를 밝히는 것은 올리브 기름이다. 올리브의 수확은 오메르 계수 기간 동안 부는 남동풍에 달려 있는데, 성소의 남쪽에 배치된 촛대는 바로 적절한 남동풍이 불기를 바라는 기원을 담고 있는 것이다.

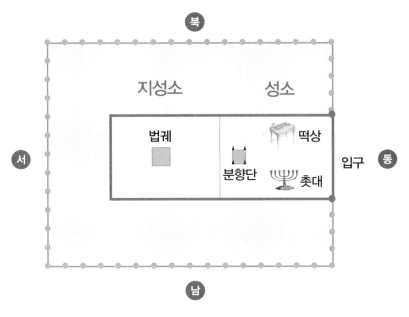

성소 내부의 모습. 떡상은 북쪽에, 촛대는 남쪽에 있다

오메르 계수의 마무리: 오순절

운명의 7주 동안 성서시대 가나안 땅의 농부들은 비구름의 북서풍과 사막의 남동풍의 오묘한 조화를 바라며 '전율과 기도'의 시간을 보내야 했다.

일곱 안식일 이튿날까지 합하여 오십 일을 계수하여 새 소제를 여호 와께 드리되 _레 23:16

일곱 주를 셀지니 곡식에 낫을 대는 첫 날부터 일곱 주를 세어 네 하나님 여호와 앞에 칠칠절을 지키되 네 하나님 여호와께서 네게 복을 주신 대로 네 힘을 헤아려 자원하는 예물을 드리고 _신 16:9-10

하루하루 오메르 계수를 하면서 49일째인 7주가 끝나면 질풍노도와 같은 시간이 지나고 드디어 '마침표'를 찍는 행사를 하게 된다. 이를 히브리어로 '아쩨레트'(עצרת, 마침)라고 한다. 그날이 바로 7주가 지난 다음날, 즉 오메르 계수 50일째가 되는 '오순절'이다. 오순절이라는 절기 이름도 '50'이라는 숫자에서 나온 것이다.

가나안 7대 소산물: 계명과 경고

신명기 8장 8절에 언급된 가나안 7대 소산물은 그 수확이 오메르 계수가 진행되는 7주간 부는 북서풍과 남동풍의 오묘한 조화에 절대적으로 의존하는 작물들이라는 공통점이 있다. 이러한 수확물들은 가나안의 원주민 농부들에게는 익숙하지만, 애굽과 시내 광야를 통과해 온 이스라엘 백성에게는 무척이나 생소한 라이프스타일(life style)임에 틀림없다. 아무런 경고나 예방주사도 없이 이런 생소한 상황에 맞닥뜨린다면, 이스라엘 백성은 가나안 원주민들의 종교적 관습을 따라 우상을 숭배할 가능성이 높았다. 그래서 하나님은 가나안 땅에 입성하기 직전에 요단 동편의 모압 평지에 이스라엘 백성을 모아 놓고 신명기 말씀을 예방주사 차원에서 선포하셨다.

온갖 잡신(다신)을 섬기던 가나안 원주민은 북서풍의 신과 남동풍의 신에게 따로따로 경배를 드리며 운명의 7주를 보냈다. 그러나 이스라엘 백성은 오로지 유일신이신 하나님 한 분만을 섬기도록 부름 받은 선택된 민족이었다. 이들은 각종 잡신과 우상들이 난무하는 가나안 땅에 들어가 여호와 하나님만 섬기는 예배 공동체를 이루어야 할 사명을 되새기며 모압 평지에 모여 가나안 입성을 위한 최종 준비를 하고 있었다. 이런 면에서 가나안 7대 소산물은 '하나님 한 분만을 섬기라'는 계명을 다시 한 번 주지시키기 위해 나열된 특별한 세팅이었다.

네가 만일 네 하나님 여호와를 잊어버리고 다른 신들을 따라 그들을 섬기며 그들에게 절하면 내가 너희에게 증거하노니 너희가 반드시 멸망할 것이라 _신 8:19

이와 달리 야곱이 애굽의 바로에게 바친 가나안 진상품들은 오메르 계수의 7주 동안 부는 북서풍과 남동풍에 전혀 개의치 않고 수확되는, 그야말로 애굽에는 없는 가나안 땅의 특산품들이다. 당시 애굽에 흔했던 벌꿀을 굳이 가나안 특산품으로 가져갈 이유가 없었던 것을 고려할 때, 창세기 43장 11절의 '꿀 조금'은 가나안 땅의 특산품인 쥐엄열매 꿀로 해석하는 것이 옳다. 물론 대추야자 꿀로도 볼 수 있지만 이것은 오메르 계수 동안의 날씨에 치명적인 영향을 받는 작물이다. 반면 쥐엄열매는 이스라엘 어디서나 잘 수확되는 이스라엘의 특산물이다.

쉐마 이스라엘: 유일신 하나님

'쉐마 이스라엘'로 불리는 다음의 기도문은 지금도 유대인들이 기도할 때 이마에 차는 '성구함'(트필린, תפילין)과 집에 들어가는 '문설주'(메주자, מזוזה)에 적혀 있는 말씀이다.

> 이스라엘아 들으라 우리 하나님 여호와는 오직 유일한 여호와이시니 너는 마음을 다하고 뜻을 다하고 힘을 다하여 네 하나님 여호와를 사랑하라 오늘 내가 네게 명하는 이 말씀을 너는 마음에 새기고 네 자녀에게 부지런히 가르치며 집에 앉았을 때에든지 길을 갈 때에든지 누워 있을 때에든지 일어날 때에든지 이 말씀을 강론할 것이며 너는 또 그것을 네 손목에 매어 기호를 삼으며 네 미간에 붙여 표로 삼고 또 네 집 문설주와 바깥 문에 기록할지니라 _신 6:4-9

한 분이신 하나님, 즉 '유일신' 하나님의 속성을 강조하는 이 기도문은 온갖 잡신들을 섬기던 가나안 원주민의 영향력을 극복하며 정복 전쟁을 벌여야 할 이스라엘 백성에게 일종의 예방주사 성격으로 주어진 기도문이자 경고문이었던 것이다.

가나안 7대 소산물의 풍성한 수확을 가져다주실 분은 북서풍의 신도 남동풍의 신도 아닌 우주를 주관하는 여호와 하나님 한 분뿐이다.

> 여호와께서 너희의 땅에 이른 비, 늦은 비를 적당한 때에 내리시리니 너희가 곡식과 포도주와 기름을 얻을 것이요 _신 11:14

성구함

문설주

13

성령님은 왜 오순절에 강림하셨을까?

오순절과 언약의 갱신

오순절 성령 강림 사건은 구약시대와 신약시대를 나누는 확실한 분기점이 되었다. 구약시대에는 왕, 선지자, 제사장과 같은 특별한 사람들에게만 제한적으로 하나님의 신이 임했지만, 오순절에 성령이 폭포수처럼 부어짐으로써 초대교회가 탄생하였고, 이로써 '신약시대'로 불리는 새로운 시대가 열렸기 때문이다.

> 오순절 날이 이미 이르매 그들이 다같이 한 곳에 모였더니 홀연히 하늘로부터 급하고 강한 바람 같은 소리가 있어 그들이 앉은 온 집에 가득하며 _행 2:1-2

> 그 후에 내가 내 영을 만민에게 부어 주리니 너희 자녀들이 장래 일을 말할 것이며 너희 늙은이는 꿈을 꾸며 너희 젊은이는 이상을 볼 것이며 _욜 2:28

'절기'가 하나님의 구속사 프로그램에 암호화된 특별한 시간이라면, 하나님은 왜 굳이 오순절에 성령 강림을 계획하신 걸까?

오순절: '누룩이 들어간' 새 소제

초실절부터 시작해 7주간의 오메르 계수를 마무리한 이튿날, 즉 오메르 계수 50번째 되는 날이 오순절이다. 오순절은 7주 계수의 마지막 날인 칠칠절과 연결되기 때문에 흔히 같은 절기로 인식되지만, 엄밀하게 구별하면 49일째가 '칠칠절'이고 50일째가 '오순절'이다. 오순절이 되면 성전에서 새로운 소제를 바쳤는데, 일반적인 소제와 다른 점은 '누룩을 넣는다'는 것이다.

> 일곱 안식일 이튿날까지 합하여 오십 일을 계수하여 새 소제를 여호와께 드리되 너희의 처소에서 십분의 이 에바로 만든 떡 두 개를 가져다가 흔들지니 이는 고운 가루에 누룩을 넣어서 구운 것이요 이는 첫 요제로 여호와께 드리는 것이며 _레 23:16-17

성전에 바쳐지는 소제(meal offering) 중 유일하게 '누룩이 들어간' 소제는 오순절에 드리는 '새 소제'뿐이다. 누룩이 들어간 '새 소제'에 담긴 영적인 의미는 무엇일까? 그리고 이것은 오순절의 절기와 무슨 관련이 있을까?

🪔 오순절: 무교절의 종결 집회

집에서 누룩이 없는 보리빵을 먹는 무교절과 성전에서 누룩이 들어간 밀가루 소제로 밀빵을 만들어 제사장이 먹는 오순절은 서로 밀접한 관계가 있다.

보리를 추수하기 시작하는 한 해 농사의 초기에 있는 무교절에는 옛

것을 버리고 새롭게 시작하는 혁신의 표징으로 누룩을 제거한 무교병을 먹는다. 그러나 밀 수확으로 끝나는 곡식 추수의 마지막 단계에 있는 오순절에는 누룩을 넣은 유교병을 먹는다. 주로 동물 사료로 사용되며 가난한 자들의 식량이기도 한 보리와 달리, 밀은 가나안 농부들의 일상적인 양식이었다. 누룩이 없는 보리빵(무교병)을 먹는 고통의 때를 벗어나서, 추수가 완결된 오순절에는 누룩이 들어간 밀빵, 즉 정상적인 일용할 양식을 먹음으로써 일상적인 삶으로 복귀한다는 의미가 있다. 이것은 새해가 되면 새로운 시작을 위해 금식을 하는 영적인 결단을 내리지만, 이를 마치고 나면 일상적인 삶을 위해 밥을 먹어야 하는 것과 같은 이치다. 그런 면에서 오순절은 무교절의 종결 집회에 해당한다 할 수 있다.

오순절: 새로운 시대, 새 언약으로의 갱신

누룩이 들어간 새 소제를 바치는 오순절의 제사는 누룩이 들어가지 않은 보리빵을 먹는 무교절과 관련지어 생각해야 한다. 보리 추수로 시작되는 한 해 농사 사이클(agricultural cycle)의 시작점에 있는 절기가 바로 무교절이다. 무교절로 시작되는 농사 사이클은 밀 추수가 끝나는 오순절에 이르면서 일단락의 종지부를 찍고 새로운 시작을 준비하게 된다. 즉 밀과 보리의 '곡식' 추수를 마무리하고, 포도부터 시작해 무화과, 석류, 올리브, 대추야자로 이어지는 '여름 과실'의 추수를 대비해야 하는 때가 오순절이다.

한 해 농사 사이클에서 오순절은 '곡식 추수'에서 '여름 과실 추수'로 넘어가는 과도기에 위치한다. 이러한 오순절의 성격을 잘 보여 주는 행사가 유대 문헌인 〈미쉬나〉에 기록되어 있다.

오순절이 되면 이스라엘 농부들은 석류와 포도밭에 가서 갈대로 만든 리본으로 가지들을 묶는다. 그러고는 "이것이 첫 열매다"라고 힘차게 외친다.

이스라엘에서 8월이 되어야 열매를 맺는 포도와 석류를 생각할 때, 오순절(6월경)에 아직 열매가 익지도 않은 가지를 묶어 놓고 '첫 열매'라고 선포하는 것은 어찌 보면 우스꽝스럽게 보인다. 마치 어린아이들이 몹시 갖고 싶지만 자기 소유가 될지 알 수 없는 어떤 물건에 침을 바르며 '이거 내 거'라고 '찜'해 두는 것과 비슷해 보이기 때문이다.

하지만 오순절에 아직 익지도 않은 여름 과실의 가지를 묶어 놓고 '첫 열매'라고 외치는 행사는 이후에 맺힐 여름 과실에 대한 기대와 소망을 담고 있다. 즉 보리와 밀의 곡식 추수를 성공적으로 마무리하고, 여름 과일 추수로 이어지는 새로운 시기, 새로운 시대를 준비하는 때가 바로 오순절인 것이다.

시내 산에서 토라를 받음

유월절 예식을 마치고 애굽에서 탈출한 이스라엘 백성은 두 달이 지난 후, 즉 유대 달력으로 세 번째 달인 시반월에 시내 산에 도착했다.

오순절에는 풍년을 기원하며 아직 익지 않은 열매에 갈대 리본을 묶는다

이스라엘 자손이 애굽 땅을 떠난 지 삼 개월이 되던 날 그들이 시내
광야에 이르니라 _출 19:1

시내 산은 이스라엘 백성을 인도한 모세가 떨기나무 불꽃 가운데 계신
하나님을 만나고 출애굽의 사명을 받은 곳이다.

모세가 그의 장인 미디안 제사장 이드로의 양 떼를 치더니 그 떼를
광야 서쪽으로 인도하여 하나님의 산 호렙에 이르매 여호와의 사자
가 떨기나무 가운데로부터 나오는 불꽃 안에서 그에게 나타나시니
라 그가 보니 떨기나무에 불이 붙었으나 그 떨기나무가 사라지지 아
니하는지라 _출 3:1-2

시내 산에서 모세 '개인'에게 자신을 계시하신 하나님은 이곳에서 다시
이스라엘 백성을 불러 모아 '집단'에게 자신을 계시하셨다. 율법을 주심
으로 새로운 시대에 맞는 새로운 계명과 그에 대한 계약을 이루시기 위
함이었다.

세계가 다 내게 속하였나니 너희가 내 말을 잘 듣고 내 언약을 지키
면 너희는 모든 민족 중에서 내 소유가 되겠고 너희가 내게 대하여
제사장 나라가 되며 거룩한 백성이 되리라 너는 이 말을 이스라엘
자손에게 전할지니라 _출 19:5-6

여호와께서 시내 산에 강림하셔서 이스라엘과 언약을 맺었다

시내 산에서 율법을 받고 그에 대한 서약식을 맺은 때는 유대 달력으로 셋째 달인 시반월(6월경)이었다. 그런데 이처럼 엄청난 사건이 아무 의미가 없는 날에 무계획적으로 이루어졌을 리 없다. 이것은 분명 시반월에 있는 유일한 절기인 오순절에 이루어진 사건일 것이다. 출애굽으로 시작된 이스라엘 백성의 구원은 시내 산에서 받은 율법을 통해 일단락 완성되었고, 이후에는 새로운 시대에 맞는 새 언약으로 갱신함으로써 약속의 땅 가나안으로 향하게 된 것이다.

오순절 성령 강림

초실절에 부활하신 예수님은 제자들과 40일을 함께하신 후 감람산 정상에서 승천하셨다. 그러나 승천하시기에 앞서 제자들에게 하나님이 약속하신 성령으로 세례를 받기 위해 예루살렘을 떠나지 말라고 명령하셨다.

> 사도와 함께 모이사 그들에게 분부하여 이르시되 예루살렘을 떠나지 말고 내게서 들은 바 아버지께서 약속하신 것을 기다리라 요한은 물로 세례를 베풀었으나 너희는 몇 날이 못 되어 성령으로 세례를 받으리라 하셨느니라 _행 1:4-5

대부분이 갈릴리 출신인 제자들은 예수님의 이러한 명령이 없었다면 방향을 잃은 채 곧장 갈릴리로 향했을 것이다. 그러나 제자들은 마가의 다락방에 모여 열심히 기도하면서 약속된 성령을 기다렸다. 그리고 열흘 후, 정확히 오순절이 되자 약속하신 성령이 폭포수처럼 임했다.

오순절 날이 이미 이르매 그들이 다같이 한 곳에 모였더니 홀연히 하늘로부터 급하고 강한 바람 같은 소리가 있어 그들이 앉은 온 집에 가득하며 _행 2:1-2

유월절에 일어난 예수님의 십자가 희생을 통해 시작된 인류 구속 사역은 오순절 성령 강림으로 일단락 완성되었고, 이후 제자들이 성령을 받음으로써 새로운 신약시대가 열렸다. 오순절 성령 강림은 새로운 시대에 맞는 새로운 언약의 갱신을 위해 주어진 것이다.

오순절과 관련된 기타 사건들

1. 남유다 도약의 새 시대를 연 아사 왕

아사 왕 제십오년 셋째 달에 그들이 예루살렘에 모이고 그 날에 노략하여 온 물건 중에서 소 칠백 마리와 양 칠천 마리로 여호와께 제사를 지내고 또 마음을 다하고 목숨을 다하여 조상들의 하나님 여호와를 찾기로 언약하고 _대하 15:10-12

아사 왕은 이스라엘이 남북으로 분열된 뒤 남유다에서 최초로 하나님을 경외한 왕이다. 하나님은 우상을 타파한 아사 왕에게 넘치도록 복을 주셨고, 구스 사람 세라가 이끈 백만 대군을 격파시키셨다. 아사 왕은 유대 달력으로 삼월, 즉 시반월에 백성을 예루살렘에 모아 놓고 대규모로 번제를 드리고 여호와를 찾기로 새롭게 언약을 갱신했다. 이날은 분명 시반월에 있는 오순절이었을 것이다. 아사 왕은 구스의 백만 대군을 무찌르고 새롭게 도약하는 남유다의 시대를 준비하면서 새 언약을 갱신한 것이다.

2. 사마리아 전도를 통해 새 시대를 연 예수님

공생애 사역을 시작하신 예수님은 유월절에 예루살렘을 중심으로 한 유대 땅에서의 사역을 성공적으로 마치고 갈릴리로 올라가셨다. 이때 예수님은 당시 유대인들이 통상적으로 다니던 요단 동편의 길로 우회하지 않고, 수백 년 동안 반목과 미움으로 서로를 경계했던 사마리아 땅을 통과하셨다.

> 유대를 떠나사 다시 갈릴리로 가실새 사마리아를 통과하여야 하겠는지라 _요 4:3-4

예수님은 수가 성의 우물가에서 사마리아 여인에게 성공적으로 전도를 하시고, 유대 땅에만 머물러 있던 복음이 사마리아를 거쳐 땅끝 이방 세계까지 퍼져 나갈 새로운 시대에 대한 환상을 보셨다. 그리고 이렇게 선포하셨다.

> 너희는 넉 달이 지나야 추수할 때가 이르겠다 하지 아니하느냐 그러나 나는 너희에게 이르노니 너희 눈을 들어 밭을 보라 희어져 추수하게 되었도다 _요 4:35

이때는 오순절 절기로서, 이스라엘의 온 들판이 추수를 기다리는 밀로 가득한 때였다. '희어져 추수하게 되었다'는 말은 오순절과 관련되어 당시 랍비 문헌에 종종 등장하는 표현이다.

오직 성령이 너희에게 임하시면 너희가 권능을 받고 예루살렘과 온 유대와 사마리아와 땅 끝까지 이르러 내 증인이 되리라 하시니라
_행 1:8

3. 노아의 무지개 언약

노아 시대에 일어난 글로벌 호우는 방주 안으로 피신한 노아 가족 외에는 세상의 모든 만물을 물로 잠기게 만들었다. 노아가 방주 밖으로 나온 때는 유대 달력으로 둘째 달 27일이었다.

둘째 달 스무이렛날에 땅이 말랐더라 하나님이 노아에게 말씀하여 이르시되 너는 네 아내와 네 아들들과 네 며느리들과 함께 방주에서 나오고 _창 8:14-16

하나님은 방주에서 나온 노아와 새로운 시대에 맞는 새로운 언약을 맺었는데, 이날 역시 셋째 달에 있는 오순절의 절기였을 것이다.

내가 내 무지개를 구름 속에 두었나니 이것이 나와 세상 사이의 언약의 증거니라 _창 9:13

14

유대인들은 신년(새해)에 왜 나팔을 불까?

나팔절과 유대인의 신년

'절기장'으로 유명한 레위기 23장에 나오는 7개의 절기 가운데 '신년'과 '대속죄일'은 신약성경에서는 직접적으로 언급하지 않는다. 그래서 많은 크리스천들이 신년은 유월절이나 초막절 그리고 오순절(칠칠절)만큼 중요하지 않다고 생각하는 것 같다. 그러나 유대인들에게 '신년'(新年)은 한 해의 시작을 알리는 무척 중요한 절기다.

전 세계가 한 해의 시작을 태양력에 기초한 국제 달력에 맞추어 1월 1일로 지킨다. 하지만 한국을 포함한 중국 문화권의 국가에서는 전통적으로 태음력에 기초해 음력 새해를 지킨다. 한국도 지난날 국제화 시대에 발맞춰 신정을 설날로 지냈다가 국민 정서에 맞지 않아 결국 다시 구정을 지내고 있다.

유대인들은 성서시대부터 자체적인 태음력에 기초한 신년을 지켜 왔다. 현대 이스라엘에서도 신년의 중요성은 유월절이나 초막절에 비해 결코 뒤지지 않는다. 나팔을 불며 새해의 시작을 알리는 유대인들의 신년은 '나팔절'이라는 이름으로 성경에 등장한다.

이스라엘 자손에게 말하여 이르라 일곱째 달 곧 그 달 첫 날은 너희에게 쉬는 날이 될지니 이는 나팔을 불어 기념할 날이요 성회라

_레 23:24

🔔 월삭과 나팔절

'유대력'(Jewish Calendar)으로 불리는 유대인들의 달력은 '달'(moon)을 기준으로 하는 태음력이다. 전통적으로 달을 기준으로 '한 달'을 계산했던 우리나라에서도 초하루(1일), 보름(15일), 그믐(30일)과 같은 말을 사용한다.

매달의 시작을 알리는 '초하루'는 태음력을 쓰는 문화에서 매우 중요하게 여겨졌는데, 이것은 유대인들에게도 마찬가지다. 성경에 '월삭'(new moon)으로 등장하는 초하루는 레위기 23장에 나오는 7대 절기에 속하지는 않지만 그 중요도가 결코 뒤지지 않았다. 이는 신구약 성경에 빈번하게 등장하는 '월삭'을 통해서도 확인할 수 있다.

사울이 자신을 죽이려고 작정한 사실을 다윗이 최종적으로 확인한 때도 월삭의 절기였다. 다윗은 월삭의 제사에 반드시 참여해야 했는데 집안의 매년제를 핑계로 빠졌다가 자신을 죽이려는 사울의 속마음을 확인하게 되었다.

다윗이 요나단에게 이르되 내일은 초하루(월삭)인즉 내가 마땅히 왕을 모시고 앉아 식사를 하여야 할 것이나 나를 보내어 셋째 날 저녁까지 들에 숨게 하고 네 아버지께서 만일 나에 대하여 자세히 묻거든 그때에 너는 말하기를 다윗이 자기 성읍 베들레헴으로 급히 가기를 내게 허락하라 간청하였사오니 이는 온 가족을 위하여 거기서 매년제를 드릴 때가 됨이니이다 하라 그의 말이 좋다 하면 네 종이 평

안하려니와 그가 만일 노하면 나를 해하려고 결심한 줄을 알지니
_삼상 20:5-7

이사야 선지자가 성전 제사의 타락상을 비판하면서 언급한 절기는 1년에 한 번 찾아오는 유월절이나 초막절이 아니라 매달 찾아오는 월삭이었다.

헛된 제물을 다시 가져오지 말라 분향은 내가 가증히 여기는 바요 월삭과 안식일과 대회로 모이는 것도 그러하니 성회와 아울러 악을 행하는 것을 내가 견디지 못하겠노라 _사 1:13

신약성경에도 절기와 함께 월삭이 등장한다.

그러므로 먹고 마시는 것과 절기나 초하루나 안식일을 이유로 누구든지 너희를 비판하지 못하게 하라 이것들은 장래 일의 그림자이나 몸은 그리스도의 것이니라 _골 2:16-17

1년 열두 달 동안 열두 번의 월삭(초하루)이 있지만 특별히 일곱 번째 달인 티슈레이월(10월경)의 월삭은 '나팔절'로 지켰다. 일곱 번째 날인 샤밧(안식일)처럼 일곱 번째 달인 나팔절(신년)은 하나님과의 계약을 의미하는 숫자 '7'을 포함하는 공통점이 있다.

성서시대 이스라엘에서 월삭은 천문학적인 계산이 아니라 육안으로

관찰하여 결정했다. 첫 단추를 잘못 꿰면 모든 단추가 어그러지듯이 월 삭을 정확히 결정해야 다른 모든 절기를 잘 지킬 수 있었다. 육안으로 관 찰하는 것에 의존한 월삭 계산법으로 인해 달의 첫 출현을 본 진실된 증 인들의 보고가 무척 중요했다. 두 명의 증인이 예루살렘 성전에 도착해 달의 출현을 증거함으로써 월삭이 선포되었다. 특히 일곱 번째 달의 월 삭인 신년에는 그 중요성으로 인해 한 명 더 추가되어 세 명의 증인이 필 요했다.

성전에서 달의 출현을 보고하는 증인

진실된 증인들의 참여를 독려하고자 증인들을 위한 많은 특혜들이 베풀어졌다. 예를 들어, 월삭이 안식일과 겹칠 경우 증인들은 안식일에 움직일 수 있는 거리의 법적인 제한을 받지 않고 예루살렘으로 올라올 수 있었다. 증인이 도착하면 성전의 특별한 방에서 산헤드린 대표들이 주관하는 특별 연회가 벌어졌다. 성서시대의 사회가 성전을 중심으로 한 제의적 공동체였기 때문에 이 정도의 특급 대우라면 진실된 월삭 보고를 위한 충분한 동기 부여가 되었을 것이다.

🍶 신년에는 왜 나팔을 불까?

일곱째 달 월삭(초하루)인 신년은 '나팔을 불어 기념할 날', 즉 '나팔절'이라는 이름으로 더 유명하다.

> 이스라엘 자손에게 말하여 이르라 일곱째 달 곧 그 달 첫 날은 너희에게 쉬는 날이 될지니 이는 나팔을 불어 기념할 날이요 성회라
> _레 23:24

신년에 부는 나팔은 우리가 생각하는 것처럼 트럼펫이나 트럼본이 아니다. 그럼 색소폰인가? 물론 아니다. 히브리어로 '쇼파르'(שופר)라 불리는 숫양의 뿔로 만든 양각나팔이다. 그러면 왜 신년에 양각나팔을 부는 것일까? 유대인들의 성서 주석인 〈미드라쉬〉는 아브라함이 모리아 산에

나팔절(신년)에 쇼파르와 은나팔을 부는 제사장들

서 독자 이삭을 바치려고 한 날이 신년이라고 말한다. 번제로 바쳐져야
할 이삭을 대신해서 죽은 숫양을 기억하도록 신년에 숫양의 뿔로 만든
양각나팔을 분다는 것이 〈미드라쉬〉의 해석이다.

　양각나팔은 처음에는 숫양의 뿔로 만들었지만, 예수님 당시의 2차 성
전시대에는 소(또는 송아지)의 뿔을 제외한 모든 동물의 뼈를 사용해서 만
들 수 있었다. 소의 뿔을 제외한 이유는 하나님이 금송아지 사건을 기억
하실까 염려해서라고 한다.

아론이 그들의 손에서 금 고리를 받아 부어서 조각칼로 새겨 송아지 형상을 만드니 그들이 말하되 이스라엘아 이는 너희를 애굽 땅에서 인도하여 낸 너희의 신이로다 하는지라 _출 32:4

나팔 불기는 40년간 광야생활을 하던 이스라엘 민족에게 몇 가지 특별한 용도로 사용되었다.

첫째, 진의 이동을 알리는 출발 신호였다.

은 나팔 둘을 만들되 두들겨 만들어서 그것으로 회중을 소집하며 진영을 출발하게 할 것이라 _민 10:2

둘째, 전쟁의 시작을 알리는 선전포고였다.

만일 나팔이 분명하지 못한 소리를 내면 누가 전투를 준비하리요 _고전 14:8

셋째, 3대 절기와 월삭, 안식일, 신년의 시작을 알리는 신호였다.

또 너희의 희락의 날과 너희가 정한 절기와 초하루에는 번제물을 드리고 화목제물을 드리며 나팔을 불라 그로 말미암아 너희의 하나님이 너희를 기억하시리라 나는 너희의 하나님 여호와니라 _민 10:10

나팔을 부는 주된 목적은 '나는 너희의 하나님 여호와다'라는 사실을 기억하기 위해서다. 그분 앞에 기억되고 구원받았음을 상징하는 것이다. 어떤 상황에서건 나팔 불기는 '여호와께서 이스라엘의 왕이심을 선포하는 것'을 의미한다. 이러한 개념들은 신약성경에서도 이어진다. 말일의 때에는 나팔 소리와 함께 산 자와 죽은 자들이 모두 일어서 왕 되신 여호와 앞에 심판을 받게 될 것이다.

그가 큰 나팔소리와 함께 천사들을 보내리니 그들이 그의 택하신
자들을 하늘 이 끝에서 저 끝까지 사방에서 모으리라 _마 24:31

나팔 소리가 나매 죽은 자들이 썩지 아니할 것으로 다시 살아나고
우리도 변화되리라 _고전 15:52

주께서 호령과 천사장의 소리와 하나님의 나팔 소리로 친히 하늘로
부터 강림하시리니 그리스도 안에서 죽은 자들이 먼저 일어나고

_살전 4:16

🏺 신년과 생명책

탈무드에는 신년에 세 개의 책이 펼쳐진다고 기록되어 있다. 행실이 착한 의인을 위한 '생명책', 행실이 악한 악인을 위한 '죽음의 책', 그리고 이

것도 저것도 아닌 중간지대에 속한 자를 위한 '중간책'이 그것이다.

많은 사람들이 중간에 있는 회색지대에 살기 때문에, 이들에게는 신년과 대속죄일 사이의 10일 동안이 무척 중요하다. 신년과 대속죄일 사이의 10일은 히브리어로 '야밈 노라임'(ימים נוראים), 즉 '경외의 날'로 불리는데, 이때는 자신의 이름이 생명책에 기록될 수 있는 마지막 유예 기간이기 때문에 필사적으로 회개하면서 기도한다.

생명책에 대한 유대인들의 이런 사고는 시편 기자와 모세의 기도 속에서도 발견된다.

그들을 생명책(生命冊)에서 지우사 의인들과 함께 기록되지 말게 하소서 _시 69:28

그러나 이제 그들의 죄를 사하시옵소서 그렇지 아니하시오면 원하건대 주께서 기록하신 책에서 내 이름을 지워 버려 주옵소서 _출 32:32

CHAPTER

예수님은 언제 태어나셨을까?

나팔절과 크리스마스

예수님이 탄생하신 날로 기념하는 크리스마스는 신자들에게는 신앙적인 의미로, 불신자에게는 천금 같은 공휴일로, 백화점과 각종 상점에게는 짭짤한 매출을 보장하는 연중 대목일로 저마다에게 '큰 기쁨을 선사하는 날'이 되었다. 그러나 12월 25일, 즉 '크리스마스'는 과연 성경적으로 근거가 있는 기념일일까?

천사가 이르되 무서워하지 말라 보라 내가 온 백성에게 미칠 큰 기쁨의 좋은 소식을 너희에게 전하노라 _눅 2:10

신자들뿐 아니라 불신자들에게까지 큰 기쁨을 선사하는(?) 세계적인 기념일이 되어 버린 크리스마스가 과연 성경적인지에 대한 논쟁은 어찌보면 소모적일 수 있다. 하지만 그렇더라도 그리스도인이라면 온 인류를 구원하는 메시아로 오신 예수 그리스도의 탄생과 관련된 절기에 대해 한 번쯤 고민해 볼 필요가 있다.

성성은 과연 예수님의 탄생일과 관련해서 어떻게 기록하고 있을까? 과연 예루살렘에도 12월 25일이면 거리나 집집마다 크리스마스 트리가 장식되고 캐럴이 울려 퍼질까?

🏺 12월 25일과 크리스마스

현재 전 세계가 예수님 탄생일로 지키는 12월 25일이 '크리스마스'로 불린 것은 4세기 무렵부터다. 12월 25일이 크리스마스로 지켜진 데 대해 학자들마다 여러 가지 견해를 내놓고 있지만, 가장 유력한 견해는 이날 이 고대 로마 제국에서 지키던 동짓날이라는 것이다. 로마 제국의 이교도 들은 1년 중 해가 가장 짧은 동지절을 대규모의 축제로 지켰는데, 축제 는 12월 24일부터 이듬해 1월 6일까지 이어졌다. 로마 주교는 기독교가 이교도들을 정복했다는 의미로 이교도의 큰 축제일인 동지를 '그리스도 의 탄생일'로 채택했다고 한다. 여기에 태양이 가장 짧은 동지(冬至), 즉 흑암 가운데 있는 세상에 큰 빛으로 임하신 예수 그리스도의 탄생을 가 장 극적으로 표현할 수 있는 날이 12월 25일이라는 영적인 해석도 덧붙 여진다.

> 흑암에 행하던 백성이 큰 빛을 보고 사망의 그늘진 땅에 거주하던
> 자에게 빛이 비치도다 _사 9:2

> 그 안에 생명이 있었으니 이 생명은 사람들의 빛이라 빛이 어둠에 비
> 치되 어둠이 깨닫지 못하더라 _요 1:4-5

🏺 크리스마스 날짜를 유추할 수 있는 성경적 근거

성경에는 과연 크리스마스를 유추해 낼 수 있는 근거가 있을까? 다행 히 직접적인 언급은 아니지만 크리스마스를 유추해 낼 수 있는 가장 설

득력 있는 말씀이 누가복음에 나온다.

그 지역에 목자들이 밤에 밖에서 자기 양 떼를 지키더니 _눅 2:8

성서시대 목자들의 사회적 신분은?

베들레헴에서 아기 예수가 탄생했을 때 이 소식을 가장 먼저 들은 사람은 밤에도 성실하게 양들을 돌보던 목자들이었다. 예수님 탄생 당시에 목자들은 농사를 지으며 정착 생활을 하는 농경 문화의 주류 사회에 들지 못하고, 그때까지도 양과 염소에게 먹일 풀밭을 찾아 떠돌아다니는 유목민으로서 최하류 계층이었다.

예수님 탄생 당시 유대 땅은 헤롯 왕이 통치하고 있었다.

헤롯 왕 때에 예수께서 유대 베들레헴에서 나시매 동방으로부터 박사들이 예루살렘에 이르러 말하되 _마 2:1

우리에게 헤롯은 악한 왕의 대명사로 통하지만, 역사적으로 그의 통치기간 동안 이스라엘은 유럽과 아시아 그리고 아프리카를 잇는 유대 땅의 지정학적 이점을 잘 살려 상업이 발달하고 인구가 증가했다.

집 지을 땅과 농사 지을 농경지가 점점 부족해지자 목자들은 황량한 광야로 밀려 나야 했다. 비록 돌과 바위가 많은 광야라지만 비가 오는 6개월의 우기 동안에는 작은 풀들이 돋아나 그런 대로 양과 염소에게 풀을 뜯길 수 있었다. 하지만 비가 오지 않는 나머지 6개월간의 건기는 어떻게 버틸 것인가, 그것이 문제였다.

광야로 쫓겨난 목자들에게 농경지가 오픈된 기간은?

그러나 가축들과 함께 광야로 쫓겨난 목자들에게도 '죽으란 법'은 없었다. 건기가 시작되는 유월절부터 7주 동안만 잘 버티면 이후 목자들이 가축들과 함께 농경지로 들어가는 것이 허락되었던 것이다. 보리 추수기인 유월절과 그로부터 7주 후인 칠칠절은 밀 추수기였다. 밀 추수가 끝난 칠칠절 이후부터 다음해 농경 사이클이 시작되어 쟁기질을 해야 하는 초막절 전후까지는 농경지가 목자들에게 오픈되었던 것이다.

목자들은 칠칠절 이후 가축들을 데리고 농경지에 들어갔고, 그곳에는 밀 추수가 끝난 후 남아 있는 밀 밑동이 있었다. 이것을 가축들에게 먹이며 목자들은 밀밭 사이에 난 뽕나무를 배양해 주어 밀밭 주인에게 상응하는 보답을 했다. 성서시대 목자들의 라이프 사이클을 이해할 때 자신을 '목자요 뽕나무 배양하는 자'로 소개한 아모스 선지자의 알쏭달쏭한 직업이 이해된다.

> 아모스가 아마샤에게 대답하여 이르되 나는 선지자가 아니며 선지
> 자의 아들도 아니라 나는 목자요 뽕나무를 재배하는 자로서
>
> _암 7:14

'밖에서'란 단어에 해석의 열쇠가 있다

누가복음은 예수님이 베들레헴에서 탄생할 당시에 목자들이 밖에서

양들을 지키고 있었다고 기록하고 있다.

그 지역에 목자들이 밤에 밖에서 자기 양 떼를 지키더니 _눅 2:8

아기 예수 탄생과 관련된 크리스마스 시즌의 비밀은 바로 '밖에서'란 단어에 있다. 과연 '밖에서'라는 말은 뭘까? 집 바깥을 말하는 걸까? 양들을 집 안에서 칠 수 없으므로, 단순히 바깥(outside)을 의미한다고 볼 수 없다.

우리말 성경에 '밖에서'로 번역된 헬라어 원어는 '아그라울레오' (ἀγραυλέω)인데, 이는 단순한 바깥을 의미하는 것이 아니라 '농경지의 들판'(agricultural field)을 의미한다. 즉 아기 예수가 탄생할 때 목자들은 황량한 광야가 아니라 농경지에서 가축을 돌보고 있었다는 뜻이다.

그러므로 당시 목자들의 라이프 사이클을 감안하면 크리스마스 시즌의 윤곽이 어느 정도 드러난다. 목자들이 가축을 데리고 농경지로 들어갈 수 있는 기간, 즉 칠칠절(6월경) 이후부터 초막절(10월경) 사이의 기간이 되는 것이다.

크리스마스와 절기

그렇다면 칠칠절부터 초막절 사이의 어느 때 예수님이 탄생하셨을까? 여기서 재미있는 질문을 몇 가지 던져 보자.

질문1: "예수님은 과연 아무런 날짜에 그냥 태어나신 걸까?"

질문2: "만삭이 된 마리아는 호적을 하기 위해 나사렛에서 남편 요셉의 본적지인 베들레헴까지 함께 여행을 했다. 워낙 장거리 여행이다 보니 마리아가 출산 예정일보다 앞당겨 조산했을까?"

그때에 가이사 아구스도가 영을 내려 천하로 다 호적하라 하였으니
_눅 2:1

요셉도 다윗의 집 족속이므로 갈릴리 나사렛 동네에서 유대를 향하여 베들레헴이라 하는 다윗의 동네로 그 약혼한 마리아와 함께 호적하러 올라가니 마리아가 이미 잉태하였더라 _눅 2:4-5

질문3: "예수님과 동시대의 인물인 로마 황제 카이사르가 제왕절개(caesarean section)로 태어났다는 설이 있는데 예수님도 좋은 날짜를 잡아서 제왕절개로 태어나셨을까?"

사실 이런 우스꽝스런 질문을 던지는 이유는 레위기 23장에 나오는 '절기'의 의미를 다시 한 번 되새길 필요가 있기 때문이다. 예수님은 아무 날짜에 아무 의미 없이 태어나시지 않았다. 분명히 하나님께서 정하신 때가 있었고 그때가 완벽하게 찼을 때 아기의 몸으로 이 땅에 탄생하셨을 것이다.

때가 차매 하나님이 그 아들을 보내사 여자에게서 나게 하시고 율법

아래에 나게 하신 것은 _갈 4:4

레위기 23장에 나오는 '절기'들이 단지 유대인들의 명절이 아니라, 하나님이 직접 제정하신 '여호와의 절기'이고, 그 안에 하나님의 인류 구속의 계획들이 암호화되어 있다면, 예수님의 탄생일인 크리스마스는 분명 레위기 23장에 나오는 7개의 절기 가운데 하나일 것이다.

칠칠절 이후부터 초막절 사이에 들어가는 절기는 단지 두 개뿐이다. 바로 신년(나팔절)과 대속죄일이다. 그러면 두 절기 가운데 크리스마스와 가장 부합하는 절기는 무엇일까? 바로 신년일 것이다. 신년은 영광의 나팔을 불며 새로운 해의 시작을 알리는 절기다. 나팔을 불며 새로운 시작을 알리는 신년! 이 신년이야말로 영원 전에 계신 하나님이 이 땅에 아기의 몸으로 탄생함으로써 인류 구속의 역사를 위한 새로운 시대가 열렸음을 알리는 영광의 나팔을 불기에 가장 합당한 날이 아니겠는가! 바로 그날 하늘의 천군 천사들이 영광의 팡파르를 울리며 하나님을 찬송한 것이다.

> 홀연히 수많은 천군이 그 천사들과 함께 하나님을 찬송하여 이르되 지극히 높은 곳에서는 하나님께 영광이요 땅에서는 하나님이 기뻐하신 사람들 중에 평화로다 하니라 _눅 2:13-14

🫖 예루살렘에는 크리스마스가 없다?

역사적으로 베들레헴에서 탄생하신 아기 예수는 유대인 부모 밑에서 태어나신 '유대인 예수'였다. 그러나 예수 그리스도를 믿는 믿음, 즉 '기독교'가 로마를 거쳐 전 세계를 한 바퀴 도는 과정에서, 성경과 유대적 배경과는 아무 관련이 없는 이교도적인 요소들이 우리의 믿음 안에 들어와 있는 것이 사실이다. 예수님이 탄생하고 십자가에서 죽으시고 부활해 승천하신 이스라엘 땅, 그렇다면 예루살렘에 사는 유대인들은 크리스마스를 어떻게 생각할까?

명동 거리에 울려 퍼지는 캐럴과 반짝거리는 소형 점멸등으로 장식된 크리스마스 트리로 상징되는 크리스마스의 풍경! 이스라엘, 특히 예루살렘의 크리스마스 전야는 어느 곳보다 은혜롭지 않을까 생각하기 쉽다. 그러나 아쉽게도 예루살렘에는 크리스마스가 없다. 심지어 크리스마스가 언제인지 정확한 날짜도 모르는 유대인이 굉장히 많다.

한번은 같은 실험실에서 일하는 사라(Sarah) 자매가 자신은 크리스마스가 12월 25일인 것을 알고 있다며 자랑 삼아 말한 적이 있다. 나는 의아하게 생각했지만 많은 유대인들은 정확한 날짜를 잘 모른다는 것이다. 외국인이 많이 사는 텔아비브에서는 크리스마스에 간혹 캐럴도 울리고 상점에다 크리스마스 트리를 장식해 놓기도 하지만, 이것도 최근 들어서 발견되는 풍경이다. 안식일과 음식 정결법을 철저하게 지키는 유대교인이 70%가 넘는 예루살렘에서는 이런 풍경이 아직까지는 먼 나라 얘기로만 들릴 뿐이다.

이스라엘에서 크리스마스 분위기를 느낄 수 있는 곳은 예수님이 태어나신 베들레헴과 예수님이 어린 시절을 보내신 나사렛 정도일 것이다. 그나마 두 도시는 팔레스타인 사람들이 차지한 웨스트뱅크에 속해 있어 두 민족의 갈등이 극심해질 때는 폭탄 테러의 위험 때문에 출입도 조심해야 한다.

'인티파다'로 불리는 팔레스타인 사람들의 봉기가 한창일 때 베들레헴에 있는 '예수 탄생 기념교회'가 수난을 겪은 적이 있다. 당시의 수상이던 아리엘 샤론은 테러리스트를 색출한다는 명분 아래 탱크를 앞세워 베들레헴에 진입했고, 팔레스타인 전투 요원들은 예수 탄생 기념교회로 피신해 상당 기간 부분적인 총격전이 벌어졌던 것이다. 물론 교황과 전 세계 기독교 지도자들의 중재로 무마되긴 했지만, 사실 유대인들에게 예수 탄생 기념교회란 그냥 총격전을 벌여도 될 만큼 큰 의미가 없는 곳이다. 만약 유대인들에게 너무나도 소중한 '성전산'이나 '통곡의 벽' 뒤로 전투 요원들이 숨었다면 어땠을까?

기독교인들을 향한 유대인들의 뿌리 깊은 증오심은 무려 2000년 이상 유럽 기독교인들로부터 당한 핍박과 설움에 그 뿌리를 두고 있다. 이는 예수님을 십자가에 못 박은 것은 유대인이며, 이로써 이스라엘 역사는 끝나고 교회가 새 이스라엘이 되었다는 '대체신학'(replacement theology)에 기초한 반유대주의와 그 맥을 같이 한다. 유대인을 향한 유럽 기독교인들의 증오와 학살의 피는 유럽 교회사의 핵심을 이루고 있지만 이들이 써낸 교회사에는 어디에도 그런 글귀를 찾아볼 수 없다.

유럽 사람 7,500명을 대상으로 '세계 평화에 가장 위협적인 국가가 어디인가'를 묻는 설문조사에서 절반이 넘는 57%가 이스라엘을 지목했다. 이는 테러리즘에 기초한 이란, 이라크, 북한보다 월등히 높은 수치인데, 유럽 사람의 무의식 중에 자리 잡고 있는 반유대주의가 얼마나 뿌리 깊은가를 잘 보여 주는 사례라 할 것이다. 마찬가지로 유대인들 역시 유럽 기독교인들에 대해 상당한 수준의 피해의식을 갖고 있다. 잘은 모르지만 성탄절의 날짜를 모른다는 이들의 말은, 짐짓 부인하고픈 무의식에서 비롯된 것이 아닐까 싶다. 프랑스 사람들이 영어로 말하고 들을 줄 알면서도 길을 물어 보는 외국인에게 절대로 영어를 모른다며 불어만 고집하는 것처럼 말이다.

그러면 비록 소수이긴 하지만 예수님을 메시아로 믿는 '메시아닉 유대인'(믿는 유대인)들은 크리스마스를 어떻게 받아들일까? 결론은 이들 역시 크리스마스에 대해 부정적이라는 것이다. 믿는 유대인들의 회중을 이끄는 유대인 지도자들과 대화를 나누다 보면 크리스마스를 비성경적인 것으로 여기고 있음을 알 수 있다.

초기 유대인 기독교인과 이방 기독교인들은 별 문제 없이 동화되어 살았다고 한다. 그러나 기독교가 국교로 공인되는 4세기부터 기독교를 유대교로부터 철저하게 분리하는 작업이 시작됐다. 그 예로 유대인이 지키던 샤밧(안식일)을 로마의 기독교인들이 토요일에서 일요일로 바꾸고, 유대인의 최고 명절인 유월절과 같은 기간에 부활절이라는 교회의 절기를 만들어 지키기 시작했다.

사실 전 세계 '종교 전시장'이라 불리는 예루살렘에서는 분명한 진리관이 없으면 극심한 영적 혼란에 빠지기 쉽다. 예루살렘은 3대 종교의 공통된 성지이며, 이루 셀 수 없이 많은 교단들이 저마다의 성지인 이곳에 저들만의 깃발을 꽂으려고 세력 다툼을 일삼기 때문이다. 진정 이것이 예수님이 육신의 몸을 입고 천하디천한 이 땅에 성육신하신 뜻이었을까?

사탄의 역사는 분열로 나타난다고 하지만 기독교 역사상 최고의 분열은 기독교와 유대교 사이의 분열이 아닐까 싶다. 이로써 기독교는 그 '유대적 뿌리'를 잃어버렸고, 유대교 또한 유대인으로 나신 '유대인의 왕' 예수님을 놓쳤기 때문이다.

하나님은 그의 구속 역사를 위해 특별히 유대 민족을 택하셨지만, 이들을 통해 이방인을 포함한 온 인류를 구원할 계획을 가지고 계셨다. 하나님은 십자가 구속을 통해 유대인과 이방인이 한 성령 안에서 하나님을 찬양하는 소원을 가지셨다. 바울은 누구보다 이런 하나님의 계획을 잘 알았을 것이다.

이는 그(예수님의 십자가)로 말미암아 우리 둘(유대인과 이방인)이 한 성령 안에서 아버지께 나아감을 얻게 하려 하심이라 _엡 2:18

CHAPTER

16

시편 기자는 '죄사함'을 왜
동이 서에서 먼 것에 비유했을까?

대속죄일과 아사셀 염소

문학 작품 가운데 산문보다 훨씬 이해하기 힘든 것이 시 또는 시조와 같은 운문이다. 짧은 문장 안에 저자의 문학적 예술성이 집약되어 표현되기 때문이다. 전 세계의 많은 성도들이 시편 말씀을 사랑하고 암송도 하지만, 또 시편 말씀을 노랫말로 만든 복음 성가도 많지만, 시편은 한국의 크리스천들이 이해하기에는 어려운 표현들이 많다. 마치 조선시대 정몽주와 이방원이 주고받은 '단심가'와 '하여가'의 시조를 아무리 기가 막히게 영어로 잘 번역한들 미국 독자들이 한국 독자만큼 이해하기 힘든 것과 같다.

이 몸이 죽고 죽어 일백 번 고쳐 죽어…… (단심가)
이런들 어떠하리 저런들 어떠하리…… (하여가)

예를 들어 시편에 이런 말씀이 있다.

동이 서에서 먼 것같이 우리 죄과를 우리에게서 멀리 옮기셨으며
_시 103:12

시편 기자는 우리의 죄과를 멀리 옮기신 하나님을 노래하면서 '동이 서에서 먼 것같이'라는 독특한 표현을 사용하고 있다. 왜 시편 기자는 '남이 북에서 먼 것같이'라고 하지 않고, '동이 서에서 먼 것같이'라고 표현했을까? 성서시대 유대인들은 남북의 거리보다 동서의 거리가 더 멀다고 생각했던 것일까? 이 표현은 유대인들에게 가장 엄숙한 절기인 대속죄일

희생제사와 관련된 것인데, 이에 대한 배경 지식이 없으면 실로 난해한 구절이 아닐 수 없다.

🏺 대속죄일: 희생제사의 클라이맥스

1년을 주기로 돌아가는 레위기 23장에 나오는 7개의 절기 가운데 가장 클라이맥스에 해당하는 절기가 '대속죄일'이다. 다른 절기와 달리 대속죄일 희생제사는 제사장 500명의 도움을 받으며 대제사장이 직접 주관한다. 이스라엘 민족 전체의 죄사함은 대속죄일을 기점으로 갱신되어야 했는데, 이스라엘의 운명이 이날 대제사장 한 사람의 어깨에 달려 있었다. 유대인들의 전승에 의하면, 아브라함의 천사가 내려와서 중책을 진 대제사장을 처음부터 끝까지 돕는다고 한다.

순서가 하나라도 뒤바뀌면 희생제사는 무효가 되기 때문에, 대제사장은 대속죄일 일주일 전에 성전 제사장의 뜰에 있는 '본부 챔버' 위의 대제사장 전용 직무실에 기거하며 대속죄일에 이루어질 희생제사의 순서를 철저히 복습하고 리허설해야 했다. 대속죄일에 대제사장은 자신과 이스라엘 백성의 허물로 인하여 희생제물의 피를 들고 둘째 장막 뒤에 있는 지성소에 들어갔다.

> 오직 둘째 장막은 대제사장이 홀로 일 년에 한 번 들어가되 자기와 백성의 허물을 위하여 드리는 피 없이는 아니하나니 _히 9:7

1년 중 대제사장이 하나님의 임재를 상징하는 지성소에 들어갈 수 있는 유일한 날이 대속죄일이다. 이날은 대제사장복이 아닌 독특한 흰옷을 입는데 허리띠마저 흰색으로 된 점에서 일반 제사장들이 입는 옷과도 달랐다. 흰옷은 하나님의 임재 속에 들어가는 대속죄일에 요구되는 완전한 순결을 상징한다. 평소에는 손과 발을 씻는 것으로 충분하지만 대속죄일에는 대제사장이 몸 전체를 정결탕에 담그는 의식을 가진 뒤 흰옷을 입게 된다.

거룩한 세마포 속옷을 입으며 세마포 속바지를 몸에 입고 세마포 띠를 띠며 세마포 관을 쓸지니 이것들은 거룩한 옷이라 물로 그의 몸을 씻고 입을 것이며 _레 16:4

여호수아가 더러운 옷을 입고 천사 앞에 서 있는지라 여호와께서 자기 앞에 선 자들에게 명령하사 그 더러운 옷을 벗기라 하시고 또 여호수아에게 이르시되 내가 네 죄악을 제거하여 버렸으니 네게 아름다운 옷을 입히리라 하시기로 _슥 3:3-4

선지자들이 환상 가운데 기록한 예언서에서 하나님 앞에 가까이 선 자들이 늘 흰옷을 입은 것으로 묘사된 것도 같은 의미가 있다.

내가 보니 여섯 사람이 북향한 윗문 길로부터 오는데 각 사람의 손에 죽이는 무기를 잡았고 그 중의 한 사람은 가는 베 옷을 입고 허

대속죄일 정결례를 위해 정결탕에 올라가는 대제사장

리에 서기관의 먹 그릇을 찼더라 그들이 들어와서 놋 제단 곁에 서더라 _겔 9:2

그때에 내가 눈을 들어 바라본즉 한 사람이 세마포 옷을 입었고 허리에는 우바스 순금 띠를 띠었더라 _단 10:5

그 중에 하나가 세마포 옷을 입은 자 곧 강물 위쪽에 있는 자에게 이르되 이 놀라운 일의 끝이 어느 때까지냐 하더라 _단 12:6

현대 이스라엘에서도 대속죄일은 '안식일 중의 안식일'로 불리며 가장 거룩한 날로 기념한다. 안식일에는 유대교에 철저한 종교적인 유대인들이 모여 사는 마을에 차량 운행을 금지하는 바리케이드가 설치되는데, '안식일 중의 안식일'로 불리는 대속죄일은 종교적인 유대인과 세속적인 유대인의 구분 없이 이스라엘 전체가 거룩한 안식일 모드에 들어간다.

거리에는 응급 환자를 실어 나르는 앰뷸런스 외에는 모든 차량 운행이 철저하게 금지된다. 그래서 이날 어린이들이 자전거를 끌고 나와 모든 도로를 점유하는 진풍경이 연출된다. 이스라엘에 온 지 10년째 되는 우리 부부는, 매년 구석에서 먼지가 쌓인 자전거를 손질하면서 대속죄일을 맞는데, 이방인인 우리는 아직까지도 대속죄일이 독특하게 느껴진다.

유교를 믿지 않는 한국 사람들도 추석이나 설날이면 으레 차례를 지내는 것처럼, 이스라엘의 대속죄일에는 세속적인 유대인들도 회당에 나가 회개 기도를 드리고 24시간 금식에 동참한다. 한국에도 부활절과 성

대속죄일의 거리 풍경(자동차가 다니지 않아 거리는 아이들의 천국으로 변한다)

탄절에만 교회에 간다는 크리스천(?)이 있듯이, 나는 이스라엘에서 대속
죄일에만 회당에 나가는 세속적인 유대인들을 많이 만났다.

🏺 동이 서에서 먼 것같이: 여호와를 위한 염소(서쪽), 아사셀을 위한 염소(동쪽)

대속죄일에 드려지는 제사 가운데 가장 독특한 것이 두 마리 염소를
통해 온 이스라엘 백성의 죄를 속죄하는 의식이다. 대속죄일의 희생제사

를 위해 같은 날 같은 가격을 주고 산 비슷한 크기의 염소 두 마리가 제단 옆으로 끌려온다.

그러면 대제사장은 항아리에 손을 넣어 운명적인 제비뽑기를 한다. 항아리 안에는 각각 '여호와를 위하여', '아사셀을 위하여'라고 씌어 있는 두 개의 제비가 있는데, 서쪽에 있는 지성소에서 피가 뿌려질 '여호와를 위한' 염소와 황량한 동쪽의 광야로 끌려가 죽게 될 '아사셀을 위한' 염소를 정하게 된다. 제비뽑기로 각각의 염소가 정해지면, 아사셀 염소는 '뿔'에, 여호와의 염소는 '목'에 홍색천을 묶음으로써 구분을 짓는다.

또 그 두 염소를 가지고 회막 문 여호와 앞에 두고 두 염소를 위하여 제비 뽑되 한 제비는 여호와를 위하고 한 제비는 아사셀을 위하여 할지며 아론은 여호와를 위하여 제비 뽑은 염소를 속죄제로 드리고 아사셀을 위하여 제비 뽑은 염소는 산 채로 여호와 앞에 두었다가 그것으로 속죄하고 아사셀을 위하여 광야로 보낼지니라 _레 16:7-10

여호와를 위한 염소는 도살되고, 그 피를 대제사장이 성전의 가장 서쪽에 있는 거룩한 방인 지성소의 법궤와 휘장 위에 뿌린다.

한편 아사셀 염소를 가지고 대제사장이 해야 하는 특별한 의식이 있다. 대제사장은 두 손을 아사셀 염소의 머리에 얹고 이스라엘 백성의 죄를 낱낱이 고백해야 하는 것이다.

이후 아사셀 염소는 성전의 가장 동쪽에 있는 수산 게이트를 통해 나가서 동쪽에 있는 황량한 유대 광야를 향해 길고도 긴 여정에 오른다.

아사셀을 위한 염소와 여호와를 위한 염소를 제비뽑기하는 대제사장

여호와를 위한 염소는 도살되어 그 피가 지성소의 법궤와 휘장에 뿌려진다

사람이 아무도 없는 황량한 광야의 무인지경에 이르면 아사셀 염소를 풀어 주고 돌아옴으로써 아사셀 염소와 관련된 예식을 마치게 된다.

아론은 그의 두 손으로 살아 있는 염소의 머리에 안수하여 이스라엘 자손의 모든 불의와 그 범한 모든 죄를 아뢰고 그 죄를 염소의 머리에 두어 미리 정한 사람에게 맡겨 광야로 보낼지니 염소가 그들의 모든 불의를 지고 접근하기 어려운 땅(무인지경)에 이르거든 그는 그 염소를 광야에 놓을지니라 _레 16:21-22

아사셀 염소의 머리에 안수하고 백성의 죄를 고백하는 대제사장

온 이스라엘 백성의 죄를 지고 '동쪽'에 있는 무인지경의 광야로 보내진 아사셀 염소와 도살되어 '서쪽'의 지성소에 그 피가 뿌려진 여호와의 염소! 두 마리의 희생 염소는 각각 동쪽과 서쪽으로 향하면서 삶과 죽음으로 자신의 역할을 다하게 된다. 이로써 이스라엘 백성의 죄과가 멀리 옮겨지는 것이다.

동이 서에서 먼 것같이 우리의 죄과를 우리에게서 멀리 옮기셨으며
_시 103:12

그런데 여기서 중요한 것은, 백성의 죄가 도살되어 죽을 여호와의 염소가 아닌 광야에 놓여질 아사셀 염소 위에서 자백된다는 사실이다. 온 이스라엘 백성의 죄를 지고 광야에 놓여진 아사셀 염소! 이것은 이스라엘 백성의 죄가 완전히 씻김 받은 게 아니라 일시적으로 유보된 것임을 의미한다. 하나님은 완전한 희생제물인 예수 그리스도가 오시기까지 해마다 대속죄일의 아사셀 염소 의식을 통해 이스라엘과 온 인류의 죄를 간과하고 유보하신 것이다.

이 예수를 하나님이 그의 피로써 믿음으로 말미암는 화목제물로 세우셨으니 이는 하나님께서 길이 참으시는 중에 전에 지은 죄를 간과하심으로 자기의 의로우심을 나타내려 하심이니 _롬 3:25

율법은 장차 올 좋은 일의 그림자일 뿐이요 참 형상이 아니므로 해

마다 늘 드리는 같은 제사로는 나아오는 자들을 언제나 온전하게 할 수 없느니라 그렇지 아니하면 섬기는 자들이 단번에 정결하게 되어 다시 죄를 깨닫는 일이 없으리니 어찌 제사 드리는 일을 그치지 아니하였으리요 그러나 이 제사들에는 해마다 죄를 기억하게 하는 것이 있나니 이는 황소와 염소의 피가 능히 죄를 없이 하지 못함이라 그러므로 주께서 세상에 임하실 때에 이르시되 하나님이 제사와 예물을 원하지 아니하시고 오직 나를 위하여 한 몸을 예비하셨도다 _히 10:1-5

세례 요한은 자신에게 세례를 받으러 나아오는 예수님을 향해 대속죄일의 아사셀 염소와 관련된 표현으로 이렇게 외쳤다.

이튿날 요한이 예수께서 자기에게 나아오심을 보고 이르되 보라 세상 죄를 지고 가는 하나님의 어린 양이로다 _요 1:29

정확히 표현한다면 하나님의 '어린 염소'라고 해야 하지 않을까 하는 의문이 든다. 하지만 당시에는 희생제물로 바쳐지던 황소, 숫양, 염소 등을 총칭해서 '어린 양'으로 표현했으므로 세례 요한의 선언은 정확했다.

🏺 진홍같이 붉은 죄가 양털같이 희어진다

광야의 무인지경에 풀어 놓던 아사셀 염소의 운명은 예수님 당시에는 몬타르 산으로 불리는 절벽에서 떨어져 죽는 것으로 운명이 바뀌었다. 광야에서 유랑 생활을 할 때는 아사셀 염소의 운명에 대해 염려할 필요가 없었다. 이스라엘의 진이 이동하고 광야에 홀로 남은 아사셀 염소는 결국 죽게 되었으니 말이다. 하지만 이스라엘 땅에 정착하면서 문제가 생겼다. 광야의 무인지경에 풀어 놓은 아사셀 염소가 다시 사람들이 살고 있는 마을에 나타나는 경우가 발생한 것이다. 이렇게 되면 대속죄일의 행사가 무색해지는 것이 아닌가? 온 이스라엘 백성의 죄를 지고 광야에서 죽어야 할 아사셀 염소가 다시 찾아와 '너의 죄가 너를 찾을 것이요 또 그것이 너를 지배할 것이라'는 상황이 연출되었기 때문이다.

> 너희가 만일 그같이 아니하면 여호와께 범죄함이니 너희 죄가 반드시 너희를 찾아낼 줄 알라 _민 32:23

그래서 예수님 당시에는 대속죄일에 아사셀 염소를 유대 광야 끝자락에 있는 몬타르 산까지 데려가서 절벽 아래로 떨어뜨려 '확인사살'(?)함으로써 이러한 복잡한 상황을 미연에 막았다. 이때 붉은 실타래를 아사셀 염소의 뿔과 바위 사이에 묶고 염소의 눈을 가리운 다음 뒤로 밀어서 떨어뜨림으로써 염소가 느낄 공포감을 최소화했다. 이때 염소가 떨어져 죽고 바위에 남은 붉은 실타래가 흰색으로 변하는 기적이 일어났다고 한

실로의 포도원 축제

다. 이는 곧 백성의 죄가 사해진 것을 의미했다.

> 여호와께서 말씀하시되 오라 우리가 서로 변론하자 너희의 죄가 주
> 홍 같을지라도 눈과 같이 희어질 것이요 진홍같이 붉을지라도 양털
> 같이 희게 되리라 _사 1:18

성서시대에는 대속죄일 행사를 마친 후에 여자들이 흰옷을 입고 마을
에 있는 포도원에 모여 큰 원을 만들고 춤을 추며 노래를 했다. 흰옷이
없는 사람은 빌려서라도 입고 나와야 했다. 마치 우리나라의 '강강수월

래'를 연상하게 하는데, 이는 죄가 깨끗하게 씻김 받은 것에 대한 기쁨과 감사를 표현하는 행사였다. 대속죄일 외에도 성전에서 사용할 목재를 수집하는 것을 종결짓는 '투베아브'(8월경)라는 절기에도 여인들이 흰옷을 입고 포도원에서 같은 행사를 가졌다. 이 행사에는 젊은 남자들도 참여해서 구경했는데, 이곳에서 선남선녀들의 짝짓기가 이루어졌다. 지파 내 결혼이 장려되던 성서시대에, 성전이 있는 예루살렘의 포도원 축제를 통해 전국에서 모여든 선남선녀들이 지파의 구분 없이 배우자를 찾을 수 있는 특별한 날이었던 것이다.

베냐민 지파의 패역함으로 인해 사사시대 말기에 이스라엘에 내전이 일어났고, 이때 베냐민 지파는 600명만 남은 채 전멸당했다. 자칫 한 지파가 완전히 사라질 위기에 처한 것이다.

> 백성이 벧엘에 이르러 거기서 저녁까지 하나님 앞에 앉아서 큰 소리로 울며 이르되 이스라엘의 하나님 여호와여 어찌하여 이스라엘에 이런 일이 생겨서 오늘 이스라엘 중에 한 지파가 없어지게 하시나이까 하더니 _삿 21:2-3

이때 이스라엘 장로들은 전쟁에 참여하지 않은 길르앗 야베스에서 400명의 처녀를 충당하게 하고 나머지 200명은 실로의 포도원 축제에서 처녀 서리를 함으로써 충당하도록 했다. 이렇게 함으로써 600명의 베냐민 지파 남자들에게 배우자를 맺어 주고 지파의 존속을 보장한 것이다. 여기에 나오는 실로의 포도원 축제 역시 '투베아브' 또는 대속죄일 오후에 행해진 것이다.

또 이르되 보라 벧엘 북쪽 르보나 남쪽 벧엘에서 세겜으로 올라가
는 큰 길 동쪽 실로에 매년 여호와의 명절이 있도다 하고 베냐민 자
손에게 명령하여 이르되 가서 포도원에 숨어 보다가 실로의 여자들
이 춤을 추러 나오거든 너희는 포도원에서 나와서 실로의 딸 중에서
각각 하나를 붙들어 가지고 자기의 아내로 삼아 베냐민 땅으로 돌
아가라 _삿 21:19-21

🏺 대속죄일과 금식

대속죄일과 관련된 성서시대 유대인들의 공통된 의무는 '금식'이었다.
대속죄일의 금식은 하나님이 지정하신 유일한 공식적인 금식일이다. 그
래서 단순히 '금식하는 절기'라고 표현하면 곧 대속죄일을 의미했다.

사도 바울을 로마로 압송하던 배는 미항에서 뵈닉스로 향하는 중이었
는데, 이때는 '금식하는 절기'인 대속죄일이 지난 때였다. 대속죄일은 유
대력으로 일곱 번째 달인 '티슈레이월' 10일인데, 이는 국제 달력으로 10
월에 해당한다. 10-12월은 지중해의 풍랑이 거세서 로마시대에는 항해
가 금지되었다.

여러 날이 걸려 금식하는 절기가 이미 지났으므로 항해하기가 위태

한지라 바울이 그들을 권하여 _행 27:9

이스라엘은 성전 파괴와 바벨론 포로 생활을 거치면서 복잡한 금식의 절기들을 만들었다. 이는 하나님의 임재를 상징하는 성전이 파괴된 것과 이스라엘 백성이 이방 국가에 흩어져 포로 생활을 하게 된 것은 죄에 대한 하나님의 심판에서 온 것이라는 영적인 자각에서 비롯된 것이다. 그러나 점차 '금식을 통한 회개'가 아닌 '금식' 자체에 만족하는 건강하지 못한 종교적 운동으로 굳어지게 되었다. 바벨론의 포로들이 귀환한 이후에 활동했던 스가랴 선지자의 선포를 통해 볼 때 이미 대속죄일 이외에 4개의 금식일이 당시에 보편적으로 지켜진 것을 알 수 있다.

> 만군의 여호와가 이같이 말하노라 넷째 달의 금식과 다섯째 달의 금식과 일곱째 달의 금식과 열째 달의 금식이 변하여 유다 족속에게 기쁨과 즐거움과 희락의 절기들이 되리니 오직 너희는 진리와 화평을 사랑할지니라 _슥 8:19

4개의 금식일은 각각 그날에 일어난 슬픈 기억들을 기념하고 있다.

- 4월의 금식: 유대력 넷째 달 탐무즈월(7월) 17일. 느부갓네살에 의한 예루살렘의 함락과 매일 드려진 상번제의 금지, 금송아지 우상과 모세가 십계명이 새겨진 돌판을 깨뜨린 날
- 5월의 금식: 유대력 다섯째 달 아브월(8월) 9일. 느부갓네살에 의해

성전이 파괴된 날, 애굽에서 나온 모든 시체가 광야에서
엎드러진다고 선포된 날
- 7월의 금식: 유대력 일곱째 달 티슈레이월(10월) 2일. 미스바에서 그
  달랴와 동료들이 암살된 날(렘 41:3)
- 10월의 금식: 유대력 열 번째 달 테벳월(1월) 10일. 느부갓네살에 의
  해 예루살렘이 포위되기 시작한 날

  예수님 당시에는 4개의 큰 금식일 외에도 22개의 추가적인 금식일이
있었다. 당시에 금식은 자신의 종교적 열심을 대내외적으로 드러낼 수 있
는 경건과 외식의 대표적인 수단이었다. 예수님 당시의 바리새인들은 이
러한 금식일 외에도 추가로 금식일을 지키며, 일반 사람들은 감히 흉내
낼 수도 없는 종교적 열심을 보였다. 즉 유월절과 칠칠절 사이와 초막절
과 수전절 사이의 기간 동안 월요일과 목요일의 주 2회를 더 금식했던
것이다. 유대인들의 전승에 의하면, 목요일은 모세가 율법을 받으러 시내
산에 올라간 날이고, 월요일은 율법을 받고 내려온 날이라고 한다. 금식
은 해가 지는 시간부터 다음날 해가 질 때까지 지속해야 했는데, 모든 음
식과 음료수 일체를 금했다. 금식과 관련된 당시의 시대적 배경과 유행
을 알고 복음서를 읽으면 예수님의 말씀이 더 새롭게 와 닿을 것이다.

  그때에 요한의 제자들이 예수께 나아와 이르되 우리와 바리새인들
  은 금식하는데 어찌하여 당신의 제자들은 금식하지 아니하나이까
  _마 9:14

금식할 때에 너희는 외식하는 자들과 같이 슬픈 기색을 보이지 말라 그들은 금식하는 것을 사람에게 보이려고 얼굴을 흉하게 하느니라 내가 진실로 너희에게 이르노니 그들은 자기 상을 이미 받았느니라

_마 6:16

바리새인은 서서 따로 기도하여 이르되 하나님이여 나는 다른 사람들 곧 토색, 불의, 간음을 하는 자들과 같지 아니하고 이 세리와도 같지 아니함을 감사하나이다 나는 이레에 두 번씩 금식하고 또 소득의 십일조를 드리나이다 하고 _눅 18:11-12

베드로는 왜 변화산 위에
초막 셋을 짓겠다고 했을까?

초막절과 초막 짓기

베드로가 예수께 고하되 랍비여 우리가 여기 있는 것이 좋사오니 우리가 초막 셋을 짓되 하나는 주를 위하여, 하나는 모세를 위하여, 하나는 엘리야를 위하여 하사이다 하니 _막 9:5

변화산 정상에 올라간 베드로와 야고보, 요한 등 예수님의 수제자 세 명은 변화되신 예수님의 모습을 보고 무아지경에 빠졌다. 이러한 무아지경에서도 베드로는 얼른 정신을 차리고 예수님께 기가 막힌 제안을 하고 있다.

"우리는 여기가 좋사오니 초막 셋을 짓고…… 사랑하는 우리 예수님과 함께 영원히 살고 싶습니다."

변화산 사건에 등장하는 '초막'과 관련된 베드로의 제안은 초막절과 관련된 독특한 표현인데, 한국 성도들이 언뜻 떠올릴 수 있는 그런 이미지와는 상당히 거리가 있다.

나는 한국에서 기도원에 갔다가 이 말씀을 인용하는 성도들을 종종 보았다. 대체로 첩첩산중에 있는 기도원에까지 올라와 작정 기도를 하는 사람들은 대부분 세상에 해결되지 않은 문제들을 두고 온 경우가 많다. 산속의 기도원에서 기도하다가 예수님을 만나는 무아지경의 은혜를 체험하면, 문제 많은 저 산 밑으로 내려가지 않고 이 기도원 옆에 멋있는 '별장' 하나 짓고 예수님만 벗 삼아 살고 싶은 생각이 순간적으로 든다. 변화산에서 멋진(?) 제안을 한 베드로 역시 문제 많은 산 밑으로 내려가지 않고 산 위에서 예수님과 함께 살고 싶었는지도 모른다. 하지만 베드로가 짓겠다고 제안한 '초막'은 우리가 생각하는 멋진 '별장'과는 거리가 멀다. 이것은 초막절에 짓는 허름한 '임시 가건물'로서, 히브리어로 '수카' (סוכה)라고 한다. 초막절을 히브리어로 '수콧'(סוכות)이라고 하는데 이것도 '수카'를 만드는 절기이기 때문이다. 또 한국적 정서에서 '초막'이라 하면 '초가집'을 떠올릴 수 있는데, 이것 역시 초막과는 거리가 멀다.

🏺 초막을 짓는 이유는?

> 너희는 이레 동안 초막에 거주하되 이스라엘에서 난 자는 다 초막에 거주할지니 이는 내가 이스라엘 자손을 애굽 땅에서 인도하여 내던 때에 초막에 거주하게 한 줄을 너희 대대로 알게 함이니라 나는 너희의 하나님 여호와이니라 _레 23:42-43

성서시대 이스라엘의 초막절에는 이스라엘에 있는 모든 가정이 '초막'으로 불리는 임시 가건물을 집 옆에 짓느라 분주했다. 초막절이 가까워 오면 사람들의 생각과 관심은 온통 초막을 짓는 데 있었다. 베드로가 변화산 정상에서 일어난 무아지경에서도 갑자기 '초막' 얘기를 꺼낸 것을 볼 때, 변화산 사건은 아마도 초막절 즈음 일어났으리라 유추해 볼 수 있다.

현대 이스라엘의 초막절에도 비슷한 풍경이 연출된다. 한국의 가정에서 추석이면 송편을 빚고 차례를 지내듯이, 이스라엘에서도 초막절이면 초막을 짓고 일주일 동안 그곳에서 거주하며 보낸다.

초막절에 초막을 만드는 예루살렘 거리의 풍경

부모님과 함께 초막을 짓고 일주일의 초막절 동안 초막에서 먹고 자는 경험은 현대 이스라엘에서 자라는 아이들에게는 특별한 추억이 아닐 수 없다. 이렇듯 이스라엘의 아이들은 3000년 전 조상들이 경험한 광야 생활을 자연스럽게 습득하게 된다. 초막은 누워서 지붕을 볼 때 최소한 3개 이상의 별이 보이도록 지어야 한다. 이것은 광야에서 거했던 텐트(장막)와 초막을 연결시키려는 목적에서다.

종교적인 유대인들이 많이 사는 예루살렘에는 초막절에 만드는 초막을 위해서 독특한 가옥 구조를 보이는 건물이 많다. 빌라와 같은 개인 주택의 경우 초막을 만드는 데 어려움이 없지만, 아파트와 같은 공동 주택의 경우 마땅히 초막을 만들 만한 장소를 찾기가 어렵다. 그래서 예루살렘의 아파트들은 대부분 계단식으로 지어졌다. 베란다에 초막을 만들 수 있도록 하기 위해서다. 계단식으로 된 베란다에 초막을 짓고 누우면 초막의 지붕을 통해 3개 이상의 별을 보는 데 지장이 없기 때문이다. 이런 식으로 집집마다 '창공 조망권'을 확보하고 있다.

약속의 땅 가나안에 들어와 풍성한 수확물로 인해 더할 수 없는 기쁨과 감사로 충만한 '추수감사제'를 드리면서 동시에 가장 힘들었던 광야 생활을 기억하도록 하신 것은 하나님의 특별한 목적 때문일 것이다. '개구리 올챙이 시절 생각 못 한다'는 우리말 속담이 있듯이, 축복의 때에 쉽게 축복 자체에 안주하며 타락할 수 있는 인간의 본성을 하나님은 누구보다 잘 아신다. 하나님의 권능의 역사로 애굽의 노예 생활에서 벗어난 이스라엘은 광야 생활 40년을 거치면서 신실하게 인도하시는 하나님의 손길을 체험했다. 축복의 때에 반드시 기억해야 할 것이 고난 가운데 함께하신 하나님이 아닐까?

이 사십 년 동안에 네 의복이 해어지지 아니하였고 네 발이 부르트지
아니하였느니라 _신 8:4

🫖 더도 말고 덜도 말고 '초막절'만 같아라

우리나라에 설날과 추석이 있듯이, 유대인들에게는 유월절과 초막절
이 있다. 설날과 추석 중 어느 것이 더 큰 명절이냐고 물으면 대답하기 곤
란하듯이, 유대인들에게 유월절과 초막절 중 어느 것이 더 중요한 명절
이냐고 물으면 동일한 반응을 볼 수 있다.

초막절은 우리나라의 추석에 견줄 수 있다. '더도 말고 덜도 말고 한가
위만 같아라'는 표현이 있듯이, 유대인들에게 초막절은 감사, 기쁨, 기대
가 충만한 절기다. 이때는 초실절(4월경)의 보리 추수와 칠칠절(6월경)의
밀 추수로 시작되는 곡식 추수, 포도, 올리브, 종려나무 등 여름 과실의
수확과 저장을 마치고 '추수감사제'를 드림으로 한 해의 농사 시즌을 종
결하는 때다.

유대인의 3대 명절 가운데 유월절과 초막절이 중간에 낀 칠칠절보다
더 중요하게 여겨졌다. 한 해 농사 시즌의 시작에 있는 유월절과 달리 마
지막에 있는 초막절은 훨씬 더 자유롭고 들뜬 분위기에서 치러졌다. 마
치 대입 수능 시험을 마친 수험생의 기분이랄까? 성서시대 유대인들은

두 절기 가운데 최소한 한 번은 성전을 방문해야 했다. 대부분이 농부인 성서시대의 순례자 입장에서 본다면, 보리 추수기와 겹치는 유월절보다는 한 해의 모든 추수를 가지고 초막절에 성전을 방문하는 것이 훨씬 부담이 없었을 것이다.

한국의 한가위와 견줄 수 있는 초막절의 기쁨과 감사, 그리고 기대의 마음을 가지고 이 말씀을 읽으면 의미가 새롭게 와 닿을 것이다.

> 만군의 여호와께서 이 산에서 만민을 위하여 기름진 것과 오래 저장하였던 포도주로 연회를 베푸시리니 곧 골수가 가득한 기름진 것과 오래 저장하였던 맑은 포도주로 하실 것이며 또 이 산에서 모든 민족의 얼굴을 가린 가리개와 열방 위에 덮인 덮개를 제하시며 사망을 영원히 멸하실 것이라 주 여호와께서 모든 얼굴에서 눈물을 씻기시며 자기 백성의 수치를 온 천하에서 제하시리라 여호와께서 이같이 말씀하셨느니라 _사 25:6-8

> 모든 눈물을 그 눈에서 닦아 주시니 다시는 사망이 없고 애통하는 것이나 곡하는 것이나 아픈 것이 다시 있지 아니하리니 처음 것들이 다 지나갔음이러라 _계 21:4

🏺 초막절에 흔드는 네 가지 식물, 아르바 미님

첫 날에는 너희가 아름다운 나무 실과와 종려나무 가지와 무성한
나무 가지와 시내 버들을 취하여 너희의 하나님 여호와 앞에서 이레
동안 즐거워할 것이라 _레 23:40

초막을 짓는 행사와 함께 초막절이 가까워 오면 이스라엘 시장에는
초막절에 흔드는 네 가지 식물인 '아르바 미님'(ארבע מינים)이 나온다. 초
막절과 관련된 네 가지 식물에 대한 유대 현인들의 해석만 정리해도 한
권의 책이 될 정도로 방대한데, 때로는 '꿈보다 해몽이 좋다'는 말처럼 그
럴듯한 해석들도 많다. 그 중에 두 가지 해석을 소개하겠다.

우선, 네 가지 식물을 가지고 출애굽 이후 광야에서 가나안까지의 이
동 과정을 설명하였다. 이것은 중세의 유명한 랍비인 마이모니데스의 해
석이다.

종려나무: 광야 생활 40년을 상징

종려나무는 광야에서 흔히 볼 수 있는 몇 안 되는 나무 중 하나이며,
샘 근처에서 자란다. 그래서 광야를 지날 때 멀리 종려나무가 보이면 근
처에 오아시스가 있음을 알 수 있었다. 광야를 지나는 여행객들에게 생
명을 상징하는 물과 그러한 물을 제공하는 오아시스를 발견하는 것은
상상을 초월하는 기쁨이었고 안식이었다. 장정의 숫자만 60만이 넘는
대규모의 무리인 이스라엘은 허허벌판의 황량한 광야에서 중간 중간에

종려나무

버드나무

진을 치고 쉬어야 했는데, 아마도 종려나무가 있는 오아시스 곁에 진을 쳤을 것이다.

> 그들이 엘림에 이르니 거기 물 샘 열둘과 종려나무 일흔 그루가 있는지라 거기서 그들이 그 물 곁에 장막을 치니라 _출 15:27

버드나무: 요단 강을 건넌 기적을 상징

버드나무는 물 없이는 살 수 없는 나무로서 반드시 시냇가 근처에서 자란다. 그래서 성경에는 항상 시냇가 또는 물가와 관련되어 버드나무가 등장한다.

> 연 잎그늘이 덮으며 시내 버들이 그를 감싸는도다 _욥 40:22

> 그들이 풀 가운데서 솟아나기를 시냇가의 버들같이 할 것이라 _사 44:4

> 또 그 땅의 종자를 취하여 옥토에 심되 수양버들 가지처럼 큰 물가에 심더니 _겔 17:5

버드나무는 광야 생활 40년을 마치고 요단 강 도하를 통해 약속의 땅 가나안에 첫발을 디디게 된 사건을 상징한다. 이스라엘 백성은 요단 강을 건너면서 주변에 무성하게 자란 버드나무에 깊은 인상을 받았을 것이다.

무성한 가지, 하다스

여호와의 언약궤를 멘 제사장들은 요단 가운데 마른 땅에 굳게 섰
고 그 모든 백성이 요단을 건너기를 마칠 때까지 모든 이스라엘은
그 마른 땅으로 건너갔더라 _수 3:17

무성한 가지: 젖과 꿀이 흐르는 가나안 땅을 상징

무성한 가지로 번역된 식물은 히브리어로 '하다스'(הֲדַס)라고 한다. 하
다스의 특징은 무성한 잎에 있다. 유대인들에게 영생과 불멸, 더 나아가

성공과 축복을 상징하는 하다스는 요단 강을 건너 들어온 젖과 꿀이 흐르는 가나안 땅을 가리킨다.

아름다운 나무 실과: 가나안에서 거둘 열매를 상징

아름다운 나무 실과로 번역된 식물은 히브리어로 '에트로그'(אתרוג)라고 한다. 이것은 가나안 땅에 들어와 풍성한 삶을 누리면서 맺게 될 열매를 가리킨다.

다른 한편, 유대인들의 성서 주석인 〈레위기 미드라쉬〉에 보면 네 가지 식물이 네 종류의 유대인을 가리킨다는 해석이 있다. 네 가지 식물의 맛과 향을 가지고 네 종류의 유대인을 설명한 것이 무척 인상적이다.

• 아름다운 나무 실과

향이 있고 맛이 있는 식물이다. 이것은 토라를 배우고 그 뜻대로 실천하는 유대인을 가리킨다.

• 종려나무

맛은 있지만 향이 없는 식물이다. 이것은 토라를 배우지만 실천하지 않는 유대인을 가리킨다.

• 무성한 가지

향이 있지만 맛이 없는 식물이다. 이것은 토라를 배우지 않고도 그 뜻대로 실천하는 유대인을 가리킨다.

아름다운 나무 실과

• 버드나무

맛도 없고 향도 없는 식물이다. 이것은 토라를 배우지도 않고 실천하지도 않는 유대인을 가리킨다.

나는 어떤 식물에 속하는 그리스도인인지 한 번 곰곰이 돌아보는 것도 초막절의 '아르바 미님'이 우리에게 주는 영적인 유익이 아닐까 싶다.

명절 끝날에 예수님은 왜
생수의 강 비유를 하셨을까?

초막절과 이른 비의 기도

> 명절 끝날 곧 큰 날에 예수께서 서서 외쳐 이르시되 누구든지 목마
> 르거든 내게로 와서 마시라 나를 믿는 자는 성경에 이름과 같이 그
> 배에서 생수의 강이 흘러나오리라 하시니 _요 7:37–38

'명절 끝날' 목청을 높여 "누구든지 목마르거든 내게로 와서 마시라 나를 믿는 자는 그 배에서 생수의 강이 흘러나오리라"고 설파하신 예수님의 말씀은, 우리에게 친숙한 요한복음 중에서도 매우 인상적인 말씀이다. 광야와 같은 인생길에서 '목마름'은 해결되지 않는 문제인데, 단순히 목마른 목을 적셔 주는 정도가 아니라 그 뱃속에서 '생수의 강'이 흘러넘친다니, 얼마나 큰 위로가 되는지 모른다.

이 말씀 자체로도 은혜롭지만, 말씀이 선포된 당시의 상황을 이해하면 문화가 다른 성도들이 도저히 알아채기 어려운 영혼 깊은 곳을 적시는 '생수'와 같은 은혜를 맛볼 수 있다.

🪔 명절 끝날은 어떤 날일까?

요한복음은 유대인의 절기를 따라 예루살렘 성전을 방문하신 예수님의 기록을 충실하게 담고 있는 것이 특징이다. 다른 공관복음이 예수님의 공생애 사역 중 마지막 유월절에 있었던 십자가 사건만 기록한 것과 비교하면, 요한복음 저자의 특별한 의도가 담겼음을 알 수 있다. 절기에 따른 예루살렘 방문이기 때문에 요한복음 곳곳은 각각의 사건이 있었던

절기, 즉 시간적 배경에 대해 빠뜨리지 않고 기록하고 있다. 그러나 아쉽게도 이런 것들은 우리들이 무심코 놓치는 부분이기도 하다.

요한복음 저자는 예수님이 '생수의 강' 설교를 하신 날은 '명절 끝날'이라고 기록하고 있다. 이 명절은 유월절과 함께 유대인들에게 또 다른 축을 차지하는 초막절을 가리킨다.

유대인의 명절인 초막절이 가까운지라 _요 7:2

유월절과 마찬가지로 7일간 지켜지던 초막절은 마지막 날, 즉 '명절 끝날' 성전에 있는 제사장의 뜰에서 독특한 행사를 가졌다. 번제단과 물두멍이 있는 제사장의 뜰은 직무를 맡은 제사장 외에는 들어갈 수 없는 거룩한 공간이었다. 하지만 초막절 행사가 열리는 일주일 동안만큼은 예외였다.

🪔 버드나무와 호산나

일주일의 초막절 기간 동안 제사장의 뜰에서는 예루살렘 성전을 방문한 순례자들이 모두 참여하는 두 가지 특별한 행사가 있었다.

첫째, 물을 붓는 관제(libation) 의식이다. 초막절이 시작되면 대제사장은 순례자 행렬과 함께 실로암 연못에 가서 물을 길어 왔다. 이 물을 들고 수문(water gate)을 통해 제사장의 뜰로 들어갔는데 대제사장을 따르

실로암 연못에서 물을 긷는 제사장과 순례자들

제단 위에서 물과 포도주 관제를 드리는 제사장

던 순례자들도 함께 들어갈 수 있었다.

실로암 연못에서 떠온 생수는 번제단 위에서 붓는 의식, 즉 '관제'에 사용되었는데 일반적인 제사에서 포도주를 붓는 것과 달리, 초막절에는 포도주와 물을 함께 붓는 독특한 관제 의식을 행했던 것이다. 이것은 초막절 즈음부터 본격적으로 내려야 할 이른 비의 축복을 간구하는 의미가 담겨 있다.

실로암 연못의 생수를 길어 온 제사장과 순례자들이 수문에 이르면
제사장 찬양대가 나팔을 불며 환영했다

　　실로암 연못에서 생수를 떠오는 행렬이 수문을 통해 제사장의 뜰로
들어올 때 제사장들은 은나팔을 불며 이사야서 말씀으로 지어진 찬양을
불렀다.

　·

　　보라 하나님은 나의 구원이시라 내가 신뢰하고 두려움이 없으리니
주 여호와는 나의 힘이시며 나의 노래시며 나의 구원이심이라 그러

므로 너희가 기쁨으로 구원의 우물들에서 물을 길으리로다

_사 12:2-3

둘째, 번제단 남서쪽에 버드나무 가지를 세우고 기도문을 낭송하는 의식이다. 이 버드나무는 예루살렘 남서쪽에 있는 '모짜'(מוצא)라는 마을의 시냇가에서 꺾어 온 것을 사용했다. 매일 모짜에서 꺾어 온 새로운 버드나무 가지를 사용했는데, 물이 없으면 곧 말라 비틀어지는 버드나무를 번제단 남서쪽에 세워 놓고 그 주위를 한 바퀴씩 돌면서 순례자들은 시편 118편 25절의 기도문을 목청껏 낭송했다.

여호와여 구하옵나니 이제 구원하소서 여호와여 우리가 구하옵나니 이제 형통하게 하소서 _시 118:25

이 기도문에 두 번 반복되는 '여호와여 구하옵나니'는 히브리어로 '호쉬아 나'(הושיעה נא)라고 하는데, 우리들이 즐겨 부르는 '호산나' 찬양이 여기서 나왔다. '우리를 구원하소서'로 번역되는 호산나는 매일 제단 남서쪽에 세워진 버드나무 가지를 가리키는 별칭이기도 했다. 유대인들은 물의 근원인 시냇가에서 꺾여 나와 번제단 옆에서 말라 비틀어져 가는 버드나무를 보면서 하나님으로부터 구원을 갈구하는 '호산나'의 외침을 들었을 것이다. 물이 없어 죽어 가는 버드나무 가지처럼, 하나님의 은혜를 상징하는 물이 없으면 올해 수확이 풍성해도 내년을 기약할 수 없는 곳이 광야 이스라엘이다. 성서시대 유대인들은 실로암 연못에서 떠온 생수

모짜에서 꺾어 온 버드나무 가지는 번제단 남서쪽에 세워졌다

를 제단 위에 붓고 그 옆에서 말라 비틀어져 가는 버드나무 가지 주위를 돌면서 다음 한 해의 풍년을 위해 풍성한 이른 비를 간구하였던 것이다.

예수님이 벳바게에서 예루살렘에 입성하실 때 당시의 순례자들이 종려나무 가지를 흔들며 '호산나'를 외친 것은 로마의 속박으로부터 구원을 얻기를 갈망하며, 초막절 행사와 다윗의 자손으로 오실 메시아 사상을 결부시킨 것이다.

> 그 이튿날에는 명절에 온 큰 무리가 예수께서 예루살렘으로 오신다
> 는 것을 듣고 종려나무 가지를 가지고 맞으러 나가 외치되 호산나
> 찬송하리로다 주의 이름으로 오시는 이 곧 이스라엘의 왕이시여 하
> 더라 _요 12:12-13

번제단 주위를 도는 순례자들의 손에는 초막절에 흔드는 네 가지 식물인 '아르바 미님'이 쥐어 있었다. 평소에는 제사장에게만 허용된 공간에 이스라엘의 모든 남자와 여자들, 심지어 어린아이들까지 들어와 이 행사에 동참했다. 가족 단위로 예루살렘 성전을 방문해 난생처음 거룩한 장소인 제사장의 뜰에 들어와 번제단 주위를 도는 순례자들의 흥분과 감격이 느껴지는가?

버드나무를 세운 번제단 주위를 돌며 호산나 기도문을 외치는 순례자들

🏺 예수님은 왜 목청을 높여 외쳐서 말씀하셨을까?

명절 끝날 곧 큰 날에 예수께서 서서 외쳐 이르시되…… _요 7:37

요한복음에는 예수님이 '생수의 강' 설교를 하실 때 '외쳐' 말씀하셨다고 기록하고 있다. 예수님은 왜 목청을 높여 외쳐서 말씀하셨을까? 자신에게 관심을 기울이지 않는 백성의 관심을 끌기 위해 목청을 높이신 걸까, 아니면 선포할 메시지가 너무나 중요해서 강조하려고 그러신 걸까? 예수님이 '생수의 강' 설교를 하신 명절 끝날, 제사장의 뜰의 왁자지껄한 분위기를 알지 못하면 이 질문에 선뜻 대답하기 쉽지 않다.

'명절 끝날', 즉 초막절 마지막 날을 유대인들은 '호산나 라바'(רבה השנה)라고 불렀다. 이날은 다른 날과 달리 '큰 날', 즉 '큰 구원의 날'(호산나 라바)이라고 불렀는데, 번제단 옆에 버드나무를 세워 놓고 매일 한 바퀴씩 돌며 하던 행사를 마지막 날은 일곱 바퀴를 돌았기 때문이다.

대제사장을 따라 번제단을 일곱 바퀴 돌면서 '호산나' 기도문인 시편 118편 25절을 목청껏 외쳐댄 것은 이른 비를 간구하는 일종의 '기우제'였는데, 이날 그 절정에 이르게 된다. 은나팔을 불어 대는 제사장 찬양대의 소리가 울려 퍼지는 가운데 순례자들은 제사장의 뜰 바닥에 버드나무 가지를 치면서 버드나무 잎을 모두 떨어뜨리는 독특한 행사를 가졌다.

그야말로 왁자한 시장 바닥의 분위기가 아닌가? 이런 시끌벅적한 분위기에서 예수님은 유명한 '생수의 강' 설교를 하셔야 했던 것이다. 시끌벅적한 분위기에서 더욱 목청을 높여 외쳐서 말하지 않는다면 이들에게는 전혀 들리지 않는 '공허한 메아리'일 수밖에 없지 않은가? 목청을 높여 선포하시는 예수님의 설교는 생수의 근원이신 예수님이 바로 옆에 서 있는데도 그분을 알아보지 못하는 예루살렘 순례자들을 향한 안타까움이 담긴 절규의 함성이었을 것이다.

초막절, 구원의 완성

유월절로 시작된 1년 농사 절기의 마지막 때인 초막절은 하나님의 구속사가 완성되는 마지막 때를 가리키기도 한다. 스가랴 선지자는 열방이 심판을 받고 그 중에 남은 자, 즉 구원 얻은 자들이 초막절을 지키러 예루살렘에 올라올 것이라고 노래하였다. 이것은 구속사가 완성되는 말일의 때에 이루어질 일이다.

예루살렘을 치러 왔던 이방 나라들 중에 남은 자가 해마다 올라와서 그 왕 만군의 여호와께 경배하며 초막절을 지킬 것이라 땅에 있는 족속들 중에 그 왕 만군의 여호와께 경배하러 예루살렘에 올라오지 아니하는 자들에게는 비를 내리지 아니하실 것인즉 만일 애굽 족속이 올라오지 아니할 때에는 비 내림이 있지 아니하리니 여호와께서 초막절을 지키러 올라오지 아니하는 이방 나라들의 사람을 치시는 재앙을 그에게 내리실 것이라 애굽 사람이나 이방 나라 사람이나 초막절을 지키러 올라오지 아니하는 자가 받을 벌이 그러하니라 그날에는 말 방울에까지 여호와께 성결이라 기록될 것이라 여호와의 전에 있는 모든 솥이 제단 앞 주발과 다름이 없을 것이니 예루살렘과 유다의 모든 솥이 만군의 여호와의 성물이 될 것인즉 제사 드리는 자가 와서 이 솥을 가져다가 그것으로 고기를 삶으리라 그날에는 만군의 여호와의 전에 가나안 사람이 다시 있지 아니하리라

_슥 14:16-21

초막절에 숨겨진 구속사적 의미는 초막절에 드려지는 희생제물들 속에도 감춰져 있다. 7일 동안 모두 70마리의 황소가 번제로 드려지는데, 이는 창세기 10장에 열거된 70개의 열방을 상징하며, 하늘의 축복이 온 열방에 미치도록 기도하는 의미이기도 하다. 이는 말일의 때에 열방이 회복될 것이라는 상징을 담고 있다. 초막절 첫날 13마리의 황소로 시작해 매일 한 마리씩 줄어들면서 7일 동안 번제를 드리게 되는데, 이를 모두 합치면 70마리 황소의 번제가 된다(13+12+11+10+9+8+7=70).

초막절은 하나님과의 계약을 의미하는 '7'의 숫자가 반복되어 나타나는 특별한 절기이기도 하다. 초막절은 유대력으로 '일곱 번째' 달인 티슈레이월 15일부터 시작해 '7'일 동안 지켜진다. 또 70마리 황소와 함께 14마리 숫양, 98마리 양, 그리고 336개의 소제가 7일 동안 드려지는데 이는 모두 7의 배수다(7×10=70, 7×2=14, 7×14=98, 7×48=336). 초막절 희생제물의 숫자에 계약의 숫자인 '7'이 반복되는 것은 상당히 의도적이라 할 수 있는데, 이는 하나님과 인간 사이의 계약인 '구속사'가 최종적으로 완성되는 절기로서의 초막절을 잘 보여 준다.

메시아 왕국에 대한 그림자로서 등장하는 다윗과 솔로몬 왕국의 지상 통치를 통해서도 초막절의 성격을 엿볼 수 있다. 다윗 왕조의 최고 절정으로 묘사된 솔로몬 통치기에 성전 봉헌식이 드려진 날 역시 초막절이기 때문이다.

이스라엘 모든 사람이 다 에다님월 곧 일곱째 달 절기에 솔로몬 왕에게 모이고 _왕상 8:2

초막질 동안 바칠 70마리 황소와 기타 제물들의 행렬

죄 없는 자가 먼저 돌로 치라 했을 때
사람들은 왜 떠나갔을까?

초막절 8일과 관제의 축제(1)

요한복음 8장의 '간음하다 현장에서 붙잡힌 여인' 이야기는 신자들뿐 아니라 불신자들에게도 잘 알려져 있다. 여름 성경학교에서 연극으로 많이 올려지기도 한다. 예수님은 간음한 여인을 정죄하는 무리를 향해서 놀라운 선포를 하셨다.

너희 중에 죄 없는 자가 먼저 돌로 치라 _요 8:7

당장에 돌을 던져 여인이 비명에 횡사할 것 같던 흉흉한 분위기는 예수님의 말씀이 떨어지자 곧 진정되었다. 사람들은 들었던 돌을 놓고 하나둘 자리를 떠났다. 본문의 말씀대로 양심의 가책을 받아서다.

그들이 이 말씀을 듣고 양심에 가책을 느껴 어른으로 시작하여 젊은이까지 하나씩 하나씩 나가고 오직 예수와 그 가운데 섰는 여자만 남았더라 _요 8:9

이들은 왜 양심의 가책을 받았을까? 예수님의 지엄하신 목소리에 압도되어 갑자기 주눅이 들었을까? '뭐 당연히 양심의 가책을 받고 떠난 거 아니야? 거기에 왜가 어딨어?'라고 생각하는가? 하지만 당시의 상황 속으로 들어가 보면 그리 간단한 문제가 아니다.

본문은 간음하다가, 그것도 현장에서 붙잡힌 여인을 둘러싸고 벌어진 심각한 상황이다. 혹여 불의를 참지 못하는 혈기왕성한 청년이라도 있었다면 당장에 돌을 던져 여인을 비명횡사시킬 수 있는 일촉즉발의 상황이었다. 이때 '죄 없는 자가 돌로 치라'는 예수님의 말씀은 자칫 걷잡을 수 없는 소요 사태를 초래할 수 있는 위험한 발언이었다.

그런데 예수님의 말씀을 들은 무리는 즉시 양심의 가책을 받고 떠나갔다. 결국 예수님과 여인만 남은 것을 볼 때, '오늘 한 건 했다!'며 의기양양하게 여인을 붙잡아 온 바리새인과 서기관들마저 꽁무니를 뺀 듯하다. 예수님을 올무에 빠뜨리기 위해 간음한 여인을 찾으러 눈에 불을 켜고 다닌 바리새인과 서기관들! 과연 이들에게도 '양심'이란 것이 있었을까? 이들은 결국 죄 없는 예수님을 십자가형으로 정죄해 죽게 만드는 데 앞장 서지 않았던가? 성경은 이런 사람들을 '양심에 화인 맞은 사람'이라고 부르지 않던가!

현장에 몰려온 무리와 달리 예수님을 책 잡기 위해 간음한 여인을 잡아 온 바리새인과 서기관들은 '범죄의 구성 요건'으로 본다면 '우발적인 방관자'가 아니라 '적극적 가담자'에 속했다. 과연 이런 자들이 예수님의 한마디 말씀에 양심의 가책을 받고 떠나갔다는 것은 전후의 상황을 고려해 볼 때 쉽게 수긍이 가지 않는다. 다른 무리는 꽁무니를 빼더라도, 적극적 가담자요 주동자인 바리새인과 서기관들은 목을 뻣뻣이 세우며 예수님과 제2라운드 공방에 들어가야 마땅하지 않은가?

🏺 간음한 여인 사건이 일어난 그 아침은 어떤 날일까?

우리가 너무나 잘 아는 '간음한 여인'의 이야기는 당시의 상황 속으로 들어가 보면 우리가 피상적으로 느끼던 것과 전혀 다른 의미들이 숨어 있음을 알 수 있다. 성경을 많이 읽는 것만으로는 위의 질문에 대한 해답을 얻기가 어렵다. 이야기의 배경이 되는 상황을 종합적으로 이해하는 것이 필요하기 때문이다.

'간음한 여인' 이야기에 들어가기에 앞서 요한복음 저자는 분명하게 시간적 배경을 언급하고 있다.

아침에 다시 성전으로 들어오시니 백성이 다 나아오는지라 앉으사 그들을 가르치시더니 _요 8:2

예수님은 아침에 성전에 들어오셨고, 바로 그때 바리새인과 서기관들이 간음한 여인을 끌고 왔다. 여기서 '아침'이 의미하는 것은 무엇일까? 단지 '내일은 새로운 태양이 뜰 거야!'라는 말처럼 새롭게 태양이 떠오른 일반적인 아침일까?

본문의 '아침'은 초막절 7일간의 축제가 끝난 '다음날 아침', 즉 초막절 8일째를 가리키는 특별한 아침이다. 요한복음 저자는 초막절 마지막 날, 즉 7일째에 있었던 사건을 7장 전체에서 다루었고, 8장에 나오는 간음한 여인의 사건을 이것과 연결 지어서 시작하고 있는 것이다. 초막절 명절을

7일간 지킨다고 했는데, 그렇다면 초막절 8일째 아침은 어떤 의미가 있는 것일까?

🍶 초막절 8일과 관제의 축제

초막절 8일은 '쉬미니 아쩨레트'(שמיני עצרת)라고 불리며, 초막절과 분리된 특별한 절기였다. 레위기는 초막절 절기의 첫째 날과 함께 8일째 날을 구분해서 노동을 하지 않는 특별한 성일로 정하고 있다.

> 이레 동안에 너희는 여호와께 화제를 드릴 것이요 여덟째 날에도 너
> 희는 성회로 모여서 여호와께 화제를 드릴지니 이는 거룩한 대회라
> 너희는 어떤 노동도 하지 말지니라 _레 23:36

> 너희가 토지 소산 거두기를 마치거든 일곱째 달 열닷샛날부터 이레
> 동안 여호와의 절기를 지키되 첫 날에도 안식하고 여덟째 날에도 안
> 식할 것이요 _레 23:39

쉬미니 아쩨레트는 7일간의 초막절 행사와 바로 이어지지만 초막절과 구별된 독자적인 절기였다. 이날에는 성전에서 암소 한 마리를 바치는 추가적인 희생제사가 드려졌다.

초막절의 7일째에서 8일째 아침으로 넘어가는 시간에 대한 이해없이

는 요한복음 8장에 나오는 간음한 여인의 이야기를 제대로 이해할 수가 없다. '호산나 라바'로 불리는 초막절 7일째는 번제단 주위를 일곱 바퀴 돌면서 호산나의 기도문이 드려진다. 그런데 이 행사를 마치고 순례자들은 곧장 집으로 돌아가지 않았다. 초막절 7일째에 제사장의 뜰에서 '호산나 라바'로 불리는 행사를 한 후 해가 지면 장소를 바로 옆에 있는 여인의 뜰로 옮겨서 '관제의 축제'로 불리는 '올나이트'(all night) 행사를 했기 때문이다. 이 축제는 초막절 7일 동안 매일 실로암 연못에서 떠온 생수를 번제단에서 붓던 '관제'의 하이라이트에 해당한다.

여인의 뜰 네 모퉁이에 세워진 촛대에 불이 훤히 밝혀지면 밤샘 행사를 위한 분위기가 달아오른다. 니카노르 게이트에서 여인의 뜰로 내려오는 15개의 계단에 제사장 찬양대가 정렬하고 은나팔을 불어 분위기를 한껏 고조시킨다. 이때 경건하고 학식 있는 당대의 랍비들과 현인들이 여인의 뜰에서 춤을 추고 노래를 하며 때로는 횃불을 저글링하면서 여호와 앞에서 어린아이처럼 즐겁게 뛰논다. 여자들은 여인의 뜰을 둘러싼 2층 발코니에서 이 행사를 열광하며 지켜본다. 예수님 당시의 랍비 문헌은 '관제의 축제'와 관련해 이렇게 기록하고 있다.

관제의 축제를 구경하지 못한 사람은 진정한 기쁨을 경험하지 못한 자다.

평소 경건하고 근엄하던 현인들이 어린아이처럼 뛰어노는 모습을 여인들은 발코니 위에서 독특한 쾌감을 느끼며 지켜보았을 것이다. 밤새도

초막절 8일 밤에 여인의 뜰에서 행하는 관제의 축제

록 이렇게 뛰놀던 축제는 새벽 닭이 울면서 마무리에 들어간다. 새벽 닭이 울면 니카노르 게이트에 선 제사장 두 명이 나팔을 세 번 힘차게 불면서 계단을 내려온다. 열 번째 계단을 내려올 때 다시 나팔을 세 번 불고, 15개 계단을 전부 내려왔을 때 다시 나팔을 세 번 분다. 그리고는 동쪽에 있는 '순결과 공의의 문'을 향해 가면서 계속 나팔을 분다. '순결과 공의의 문'에 이르면 제사장 찬양대는 서쪽의 지성소를 향해 몸을 돌리고 이렇게 외친다.

"이 성전에 계신 아버지여, 저들은(이방인들은) 성소를 등지고 얼굴을 동쪽으로 향합니다. 그리고 그들은 태양을 숭배합니다. 그러나 우리의 눈은 여호와를 향합니다."

이후부터는 나이가 지긋하고 학식이 있고 경건한 랍비들이 행사를 주관한다. 이들의 선창 아래 '죄를 사해 주시는 하나님'께 대한 찬양이 이어진다.

랍비 노인들: 오, 기쁨! 우리의 젊은이들, 헌신된 자들, 현인들이여!
　　　　우리 노인들에게 수치를 돌리지 마소서.
참회한 무리들: 오, 기쁨! 우리는 노인들과 함께 젊은이들의 죄를 씻
　　　　을 수 있습니다.
다 함께: 네, 젊을 때의 죄를 사함 받은 자는 복이 있을지어다. 죄를
　　　　지었지만 이제 사함 받은 자는 복이 있을지어다.

왜 무리 중 '어른부터' 양심의 가책을 받았을까?

밤새도록 여호와 앞에서 춤을 추고 새벽 닭이 울 때 즈음 '죄를 사해 주시는 하나님'께 찬양을 올리고 나면 초막절 8일, 즉 쉬미니 아쩨레트의 행사는 마무리가 된다. 그렇게 밤샘 행사를 마치고 나면 어느덧 아침 태양이 떠오른다. 바로 그 시간에 예수님은 제자들과 함께 성전에 들어오셨고, 또 바로 그 시간에 바리새인과 서기관들은 기다렸다는 듯이 간음한 여인을 예수님께 끌고 왔다.

아침에 다시 성전으로 들어오시니 백성이 다 나아오는지라 앉으사
그들을 가르치시더니 _요 8:2

아침에 성전에 들어오신 것을 보아 예수님은 '관제의 축제' 현장에 참여하지 않은 것으로 보인다. 또한 간음한 여인을 잡아 온 바리새인과 서기관들 역시 '관제의 축제'에 참여하지 않았다. 이들은 다른 순례자들이 밤새 '죄를 사해 주시는 하나님'을 목청껏 찬양하며 즐길 때, 눈에 불을 켜고 간음한 여인을 찾아다녔다. 이들은 예수님을 옭아 맬 올무를 찾는 데 혈안이 되어 있었다. 그 올무는 연약한 여인이었고, 이들에게는 평생 짐이 될 여인의 수치심 같은 것은 안중에도 없었다. 이들의 밤샘 노력은 헛되지 않아 현장에서 간음한 여인을 붙잡았고, 여인을 예수님께 데려와 의기양양하게 물었다.

예수께 말하되 선생이여 이 여자가 간음하다가 현장에서 잡혔나이
다 모세는 율법에 이러한 여자를 돌로 치라 명하였거니와 선생은 어
떻게 말하겠나이까 _요 8:4-5

이때 예수님은 "너희 중에 죄 없는 자가 돌로 치라"고 반격하셨다. 이
것이 왜 궁지에 몰린 예수님의 '회심의 반격'일 수 있을까? 평소 같았으면
분명 누군가 여인을 돌로 쳤을 것이다. 그리고 군중심리를 좇아서 다른
무리가 합세했을 것이고 결국 여인은 빗발처럼 쏟아지는 돌 세례를 맞으
며 비명에 횡사했을 것이다. 그러나 바로 그날, 그 순간만큼은 달랐다.

어느 누구도 감히 돌을 들어 여인을 칠 수 없는 엄숙하고 묘한 분위기
가 압도했다. 바로 조금 전까지만 해도 이들은 '죄를 사해 주시는 하나
님'을 목청껏 찬양하며 노래를 부르지 않았던가! 아직도 그 노랫소리가
귓가에 맴돌고 목이 터져라 불러대 목이 완전히 잠기지 않았던가! 이런
상황에서 누가 감히 간음한 여인에게 돌을 던질 수 있단 말인가? 특히
'죄를 사해 주시는 하나님'을 선창한 노인들은 금세 얼굴이 붉으락푸르
락해졌다. 결국 '노인부터 시작해' 젊은이까지 양심의 가책을 느끼고 꽁
무니를 빼며 하나씩 떠나가게 된 것이다. 그 상황에서는 아무리 화인 맞
은 양심과 철면피의 소유자인 바리새인과 서기관들일지라도 함부로 돌
을 들 수 없었던 것이다.

# 예수님은 땅바닥에 무엇을 쓰셨을까?

저희가 이렇게 말함은 고소할 조건을 얻고자 하여 예수를 시험함이
러라 예수께서 몸을 굽히사 손가락으로 땅에 쓰시니 _요 8:6

다시 몸을 굽혀 손가락으로 땅에 쓰시니 _요 8:8

간음한 여인을 올무 삼아 예수님을 고소하려던 바리새인들의 계획은
사실 상당히 고단수의 전략이었다. 웬만한 고수가 아니라면 분명 이들의
덫에 걸려들었을 것이다. 이때 예수님은 몸을 굽혀 땅바닥에 무엇인가를
쓰셨다. 그것도 두 번이나 반복하셨는데, 성경이 아무 의미 없는 것을 기
록하는 책이 아님을 잘 아는 우리들로서는, 예수님이 왜 이런 행동을 했
는지 몹시 궁금하지 않을 수 없다. 예수님은 과연 땅바닥에 무엇을 쓰셨
을까?

갑작스런 바리새인들의 공격에 당황스러워 잠시 시간을 벌자는 심산
으로 땅바닥에 '의미 없는' 낙서를 한 것일까? 아니면 프로야구에서 난타
를 당하던 투수가 잠시 완급 조절을 위해 숨고르기를 하듯 '체인지업'에
들어가신 걸까? 그것도 아니면 저 잘난 맛에 의기양양한 바리새인들에게
화가 나서 '너나 잘하세요!'라고 쓰셨을까?

예수님 당시 랍비 문헌에는 '관제의 축제'에서 부르는 '죄를 사해 주시
는 하나님'에 대해 언급하면서 랍비 가말리엘이 말한 재미있는 이야기를
기록하고 있다.

하나님이 어떤 사람의 죄를 용서하시지 않는가? 그것은 바로 교만한 사람이다. 하나님은 교만한 사람의 죄를 용서치 않는다.

그러고는 다니엘서 7장 10절 말씀을 인용하며 교만한 자에게 임할 하나님의 무시무시한 심판의 불을 언급한다.

불이 강처럼 흘러 그의 앞에서 나오며 그를 섬기는 자는 천천이요 그 앞에서 모셔 선 자는 만만이며 심판을 베푸는데 책들이 펴 놓였더라 _단 7:10

예수님은 아마도 땅바닥에 다니엘서 7장 10절 말씀을 쓰면서 숨고르기에 들어가신 것이 아닐까? 아마 무리가 그것을 보았을 것이고, 이것은 조금 전에 있었던 관제의 축제를 떠올려 줘 이들의 무뎌진 양심이 빠르게 작동하도록 촉발하지 않았을까?

CHAPTER

예수님은 간음한 여인에게 왜
자신을 세상의 빛으로 선포하셨을까?

초막절 8일과 빛의 조명

양심의 가책을 받아 사람들이 하나둘씩 떠나가고 예수님과 여인, 단 둘만 남게 되자 예수님은 또 다른 놀라운 선포를 하셨다.

대답하되 주여 없나이다 예수께서 이르시되 나도 너를 정죄하지 아니하노니 가서 다시는 죄를 범하지 말라 하시니라 _요 8:11

예수님은 죄가 없는 분으로 여인을 정죄할 수 있었지만 여인을 용서하셨다. 그리고 "가서 다시는 죄를 범치 말라"고 하시며 여인의 삶에 분명한 방향을 제시하셨다. 그러나 어떻게 죄의 유혹을 물리칠 수 있는가? 예수님은 계속해서 자신을 '세상의 빛'으로 선포하심으로 그 비결을 알려주셨다.

예수께서 또 말씀하여 이르시되 나는 세상의 빛이니 나를 따르는 자는 어둠에 다니지 아니하고 생명의 빛을 얻으리라 _요 8:12

예수님이 자신을 '세상의 빛'으로 선포하신 것은 우리들에게 전혀 새로울 것이 없는 당연한 말씀이다. 하지만 예수님은 왜 바로 그 순간에 자신을 '세상의 빛'으로 선포하셨을까? 이것 역시 초막절 8일째 행사인 '빛의 조명'과 관련된 것이므로 당시의 상황 속으로 들어가 이 말씀을 듣는다면 훨씬 생동감 있는 은혜를 받게 될 것이다.

🏮 초막절 8일과 빛의 조명

초막절 8일, 즉 쉬미니 아쩨레트 때 하는 중요한 두 가지 행사는 '관제의 축제'와 '빛의 조명'이다. 빛의 조명은 여인의 뜰 네 모퉁이에 있는 촛대의 불을 훤히 밝히는 것이다. 요한복음 저자는 '세상의 빛'으로 선포하신 사건이 연보궤(헌금함)가 있던 여인의 뜰에서 벌어졌음을 분명히 기록하고 있다.

> 이 말씀은 성전에서 가르치실 때에 헌금함 앞에서 하셨으나 잡는 사
> 람이 없으니 이는 그의 때가 아직 이르지 아니하였음이러라 _요 8:20

여인의 뜰에는 네 모퉁이에 각각 한 개씩, 즉 네 개의 촛대가 있었는데 항상 불타오르는 성소 안의 촛대와 달리 특별한 명절에만 불을 붙였다. 또한 성소의 촛대가 7개의 가지가 있는 것과 달리, 여인의 뜰에 있는 촛대는 5개의 가지로 이루어졌다. 쉬미니 아쩨레트의 '관제의 축제'를 위해서도 여인의 뜰에 있는 네 개의 촛대가 환하게 밝혀졌다.

불은 나이가 어린 소년 제사장들이 사다리를 타고 올라가 올리브 기름을 채운 주전자를 부어 붙였다. 이 촛대를 밝히는 심지는 제사장들이 입던 옷 가운데 오래된 것을 사용했다. 제사장들의 역할이 백성을 빛 가운데로 인도하는 것인 만큼, 오래된 제사장들의 옷도 그냥 버리는 것이 아니라 촛대를 밝히는 심지로 사용한 것이다. 평소에 꺼져 있던 여인의 뜰에 있는 네 개의 촛대에 불이 밝혀지면, 예루살렘의 모든 집들까지 훤

여인의 뜰에 있는 네 개의 거대한 촛대에 불을 붙이러 올라가는 소년 제사장

히 밝아졌다고 한다. 성전에서 밝히는 네 개의 촛대만으로 예루살렘의 집들을 구석구석 밝힌다는 것은 분명 과장법적인 표현일 것이다. 동이 트고 니카노르 게이트의 문을 열 때 장정 20명의 힘이 필요했는데, 그 문을 여는 소리가 멀리 여리고까지 들렸다고 하는 표현도 마찬가지로 과장법이다.

성전에서 타오르는 빛이 예루살렘에 있는 모든 집의 마당까지 밝히는 것은 이사야 선지자의 노래에도 상징적으로 잘 나타나 있다.

흑암에 행하던 백성이 큰 빛을 보고 사망의 그늘진 땅에 거주하던 자에게 빛이 비치도다 _사 9:2

일어나라 빛을 발하라 이는 네 빛이 이르렀고 여호와의 영광이 네 위에 임하였음이니라 보라 어둠이 땅을 덮을 것이며 캄캄함이 만민을 가리려니와 오직 여호와께서 네 위에 임하실 것이며 그의 영광이 네 위에 나타나리니 나라들은 네 빛으로, 왕들은 비치는 네 광명으로 나아오리라 _사 60:1-3

초막절 8일째에 밤새도록 여인의 뜰에서 밝혀진 네 개의 촛대는 동쪽 유대 광야 쪽의 여리고에서 예루살렘으로 올라오는 자들에게 밤하늘의 등대와 같은 '길잡이' 역할을 해 주었다.

예수님이 간음한 여인에게 자신을 '세상의 빛'으로 선포하신 것은 바로 초막절 8일째에 여인의 뜰에서 밝히던 '빛의 조명'을 염두에 두고 하신 말씀이다. 성전의 빛으로 인해 예루살렘의 집들이 밝혀지듯이, 어두움 가운데서 은밀하게 행하던 죄악은 밝히 드러날 것이다. 그러한 빛을 인식할 때 어떻게 감히 다시 어두운 구석에서 간음의 죄악을 범할 수 있단 말인가?

초막절 8일과 심핫 토라

성전이 없는 현대 이스라엘에서는 초막절 8일째에 회당에서 '심핫 토라'(שמחת תורה)로 불리는 행사를 한다. 이것을 우리말로 직역하면 '토라의 기쁨'이다. 유대인들이 말하는 토라는 모세오경으로 불리는 창세기, 출애굽기, 레위기, 민수기, 신명기 다섯 권의 책을 말한다.

유대인 회당에서는 안식일마다 토라를 읽는 분량을 정해 주는데, 초막절 8일째 날은 토라를 완독하는 날로서, 이날 토라의 완독을 축하하는 의미에서 토라궤(두루마리 성경 보관상자)에서 두루마리 성경을 꺼내 원을 그리며 일곱 바퀴를 돌면서 즐거워한다. 이날 유대인들은 큰 잔치를 베풀고 많은 유대인들은 포도주를 취할 때까지 마시기도 한다.

CHAPTER

21

예수님은 왜 소경에게
실로암 못에서 눈을 씻으라고 했을까?
초막절 8일과 관제의 축제(2)

요한복음 7장과 8장은 초막절의 7일과 8일 이틀 동안 일어난 사건을 기록하고 있다. 이틀 동안의 사건을 무려 두 장에 걸쳐 기록한 것을 보면 요한복음 저자에게 초막절은 유월절과 함께 예수님의 공생애 사역에서 무척 중요한 의미를 차지했음에 틀림없다.

> 이르시되 실로암 못에 가서 씻으라 하시니 (실로암은 번역하면 보냄을
> 받았다는 뜻이라) 이에 가서 씻고 밝은 눈으로 왔더라 _요 9:7

요한복음 9장의 '날 때부터 소경 된 사람' 이야기는 초막절 행사 다음에 바로 이어지는 사건이다. 바로 다음날인 9일째인지 아니면 10일째인지 구체적인 언급이 없어서 알 수 없지만, 예수님이 소경에게 굳이 실로암 못에서 눈을 씻으라고 명령하신 것을 보면 초막절과 관련 있음을 알 수 있다. 그러면 예수님은 왜 굳이 실로암 못에 가서 눈을 씻으라고 하셨을까?

실로암 못은 초막절과 어떤 관련이 있을까?

실로암 연못은 초막절 명절의 7일 동안 대제사장의 행렬을 좇아 성전을 방문한 순례자들이 관제를 위한 행렬을 벌이던 곳이다. 제사장의 뜰 남쪽에 있는 수문(water gate)을 빠져나온 무리는 중앙 골짜기를 지나 실로암 연못으로 내려갔다. 여기서 매일 떠온 물은 번제단에서 '호산나'의

기도문과 함께 부어졌다.

요한복음 9장에 나오는 소경은 이 멋진 광경을 볼 수는 없었지만 귀머거리가 아니기 때문에 관제의 행렬에 참여한 수많은 순례자들의 와자지껄한 소리를 들었을 것이다. 유월절과 함께 최고의 명절인 초막절의 행사, 그것도 가장 하이라이트인 관제의 축제에 본문의 소경은 단지 '소경'이란 이유만으로 성전에 들어갈 수 없었다. 그에게는 초막절의 축제가 그저 '그들만의 잔치'일 뿐이었던 것이다. 당시에 소경과 같은 장애인은 부정한 사람으로 인식되었고, 이런 부정한 사람은 성전 출입이 엄격하게 금지되었다. 부정한 사람을 만지면 만진 사람도 함께 부정해졌기 때문에 소경은 아마도 정결탕이 몰려 있는 성전 남쪽에 우두커니 앉아 있었을 것이다.

성전을 중심으로 한 당시의 제의적 공동체에서 소외된 소경에게 예수님은 먼저 찾아가서 사랑과 관심을 보이셨다. 예수님은 침으로 진흙을 이겨 소경의 눈에 붙이시더니 실로암 못에 가서 씻으라고 명령하셨다. 예수님은 불과 며칠 전, 매일 기쁨의 축제가 벌어졌던 실로암 연못으로 소경을 보낸 것이다. 그냥 말씀 한마디로 소경의 눈을 밝힐 수도 있었지만 예수님은 소경을 실로암 연못, 그 기쁨의 현장으로 보내셨다. 소경 역시 이미 끝난 축제의 현장을 혼자 찾아가면서도 벅차오르는 기쁨과 감격으로 흥분했을 것이다.

🏺 약한 자를 기억한 히스기야 왕의 작품, 실로암 못

초막절의 관제 행렬이 매일 드나들던 기쁨의 현장인 실로암 연못은 또다른 역사적 의미가 있는 장소다. 실로암은 단순히 빗물을 모으던 웅덩이 중 하나였다. 물이 부족한 이스라엘에서는 우기 때 내리는 빗물을 웅덩이에 받아 놓았다가 6개월간 계속되는 건기 때 사용하며 버텨 냈다. 게다가 실로암 웅덩이는 예루살렘 도시 바깥에 있었다. 그런데 남유다의 히스기야 왕 때 실로암 웅덩이가 예루살렘 도시 안으로 편입되는 일이 일어났다. 아니, 실로암 웅덩이에 발이라도 달려 예루살렘 도시 안으로 기어들어 왔다는 말인가!

히스기야 왕은 당시 최고의 강대국인 아시리아에 북이스라엘이 멸망(기원전 722년) 당하던 때에 남유다를 다스렸다. 북이스라엘이 무너지자 남유다는 당시 이름만 들어도 벌벌 떨던 아시리아 제국과 바로 국경을 맞닿게 되었다. 남유다보다 훨씬 강한 북이스라엘이 힘없이 나가떨어진 것을 보면 남유다가 아시리아에 정복되는 것은 시간 문제처럼 보였다. 남유다는 실로 이전에 경험해 보지 못한 풍전등화와 같은 위기 상황에 봉착한 것이다. 우리나라도 삼국시대 때 중국과 국경을 맞댄 고구려가 수나라, 당나라와 당당히 맞서 힘의 균형을 유지해 준 덕분에 백제와 신라가 안심하고 발전을 도모할 수 있었다. 남유다 역시 강력한 북이스라엘이 아람과 아시리아를 막아 주었기 때문에 왕조를 이어갈 수 있었다. 그런데 그 방패막이가 하루아침에 사라진 것이다.

북이스라엘이 멸망하고 남유다의 국가적 존립이 절체절명의 위기에 처

모리아 산
▲
성전 ■
■ 동문
왕궁
티로포이온 골짜기
성전 산
남서쪽 산지
미쉬네
오벨
골짜기 문
밀로
기혼 샘
다윗 성
수문
히스기야 수로
마케스
실로암 연못

▭ 히스기야 이전의 예루살렘   ▭ 히스기야 때 확장된 부분

한 상황에서 히스기야 왕은 놀라운 계획을 실행에 옮겼다. 바로 북이스라엘에서 내려온 피난민들을 받아 준 것이다. 피난민들을 흡수하고 안전하게 정착시키기 위해 다윗과 솔로몬 때부터 내려오던 예루살렘 도시를 서쪽으로 크게 확장시켰다. 히스기야의 통치기(기원전 720~701년)에 예루살렘 인구가 10배로 증가했다는 고고학적 증거도 있다. 이때 성 밖에 있던 실로암 웅덩이가 확장된 예루살렘의 성안에 놓이게 된 것이다. 히스기야 왕은 국가의 존립이 위태로운 위기의 상황에서도 북이스라엘의 피난

민들, 즉 약하고 소외된 자들을 돌본 선한 왕이었다. 그런 점에서 히스기야는 약하고 소외된 자를 회복시키러 올 메시아의 그림자였다. 예수님은 그런 역사적인 현장에 깊은 절망과 소외감으로 병들어 있던 소경을 보내심으로 내적인 치유와 회복의 역사를 이루신 것이다.

실로암 연못엔 생수가 흐른다

빗물을 모으는 웅덩이에 불과하던 실로암이 연못으로 바뀌어 물이 흐르게 된 것도 히스기야 왕의 작품이다. 히스기야는 아무런 대책 없이 북이스라엘의 피난민들을 흡수한 감상주의자가 아니었다. 그는 이사야 선지자의 격려를 통해 아시리아 제국보다 훨씬 강하신 이스라엘의 하나님을 굳게 신뢰했고, 곧 닥칠 아시리아의 침략에 대비해 방어 태세를 취했다. 그는 성 밖에 있던 예루살렘 동쪽의 기혼 샘에서 서쪽의 실로암 웅덩이까지 연결하는 500m가 넘는 긴 터널을 팠다. 이로써 성 밖에 있는 물 근원인 기혼 샘 물이 성안의 실로암 웅덩이로 흐르게 만든 것이다. 기혼 샘은 적들의 눈에 띄지 않도록 입구를 막음으로써, 아시리아가 즐겨 쓰던 장기간의 포위 공격에 효과적으로 대처할 수 있게 되었다.

> 이 히스기야가 또 기혼의 윗샘물을 막아 그 아래로부터 다윗 성 서쪽으로 곧게 끌어들였으니 히스기야가 그의 모든 일에 형통하였더라 _대하 32:30

히스기야 터널의 내부 모습

 빗물을 받아 두던 실로암 웅덩이에 더 이상 '고인 물'이 아닌 예루살렘 도시의 유일한 물 근원인 기혼 샘에서 흘러 들어오는 생수가 흐르게 되었다. 기혼 샘의 생수는 성전이 있는 다윗 성의 밑바닥을 지나 실로암 웅덩이까지 흘러들었다. 바닥에 생수가 흐르는 예루살렘 성전의 특징은 예레미야와 에스겔 선지자의 노래에서도 잘 나타난다.

 내 백성이 두 가지 악을 행하였나니 곧 그들이 생수의 근원되는 나를 버린 것과 스스로 웅덩이를 판 것인데 그것은 그 물을 가두지 못할 터진 웅덩이들이니라 _렘 2:13

그가 나를 데리고 성전 문에 이르시니 성전의 앞면이 동쪽을 향하였는데 그 문지방 밑에서 물이 나와 동쪽으로 흐르다가 성전 오른쪽 제단 남쪽으로 흘러 내리더라 그가 또 나를 데리고 북문으로 나가서 바깥 길로 꺾어 동쪽을 향한 바깥 문에 이르시기로 본즉 물이 그 오른쪽에서 스며 나오더라 그 사람이 손에 줄을 잡고 동쪽으로 나아가며 천 척을 측량한 후에 내게 그 물을 건너게 하시니 물이 발목에 오르더니 다시 천 척을 측량하고 내게 물을 건너게 하시니 물이 무릎에 오르고 다시 천 척을 측량하고 내게 물을 건너게 하시니 물이 허리에 오르고 다시 천 척을 측량하시니 물이 내가 건너지 못할 강이 된지라 그 물이 가득하여 헤엄칠 만한 물이요 사람이 능히 건너지 못할 강이더라 _겔 47:1-5

히스기야 왕은 메시아의 그림자로 상징되는 다윗 왕에 이어서 등장하는 또 다른 메시아의 그림자로서 손색이 없는 왕이었다. 그는 국가적 재난과 위기 상황에서 탁월한 리더십으로 우상을 타파하는 종교개혁을 감행했다. 두 번에 걸친 아시리아의 대대적인 공격을 하나님 한 분만 의지하여 효과적인 방어 전략을 취함으로 막아 냈다. 무엇보다 히스기야 왕의 위대성은 자국민도 아닌, 어찌 보면 '눈엣가시'로 치부할 수 있는 북이스라엘의 피난민들을 돌본 선한 왕이라는 사실에서 나타난다. 약하고 소외된 자를 돌본 히스기야 왕은 그의 강력한 리더십과 전쟁 전략에 앞서서 이미 메시아적인 속성을 잘 보여 주고 있다.

예수님은 성전을 중심으로 한 제의적 공동체에서 철저히 소외된 약하

실로암 연못

고 외롭고 짓밟힌 계층들을 돌보신 참된 메시아였다. 눈먼 사람, 나병환
자, 절뚝발이, 귀신들린 자 등은 당시의 제의적 공동체적 관점에서 본다
면 '부정한' 사람들, 즉 자기만 부정할 뿐 아니라 자기를 접촉하는 모든
사람들을 부정하게 할 수 있는 '골치 아픈' 존재들이었다. 그러나 예수님
은 약하고 소외된 자들을 위한 메시아로 오셨다. 예수님은 기쁨의 명절
인 초막절의 관제 행사에 참여하지 못하고 우두커니 성전 남쪽의 정결탕
에 앉아 있던 소경에게 실로암에 가서 눈을 씻으라고 하심으로 비록 늦
었지만 초막절의 기쁨에 동참하게 하신 것이다. 무엇보다 메시아의 그림

자인 히스기야의 손길이 강력하게 묻어나는 실로암 연못에 소경을 보냄으로 참된 메시아로서 자신의 정체성을 웅변적으로 드러내신 것이다.

> 주 여호와의 영이 내게 내리셨으니 이는 여호와께서 내게 기름을 부으사 가난한 자에게 아름다운 소식을 전하게 하려 하심이라 나를 보내사 마음이 상한 자를 고치며 포로된 자에게 자유를, 갇힌 자에게 놓임을 선포하며 여호와의 은혜의 해와 우리 하나님의 보복의 날을 선포하여 모든 슬픈 자를 위로하되 무릇 시온에서 슬퍼하는 자에게 화관을 주어 그 재를 대신하며 기쁨의 기름으로 그 슬픔을 대신하며 찬송의 옷으로 그 근심을 대신하시고 그들이 의의 나무 곧 여호와께서 심으신 그 영광을 나타낼 자라 일컬음을 받게 하려 하심이라 _사 61:1-3

22

예수님은 왜 감람산 정상에서
자신을 부활과 생명으로 선포하셨을까?

수전절과 부활

감람산 서쪽 비탈을 가득 메운 무덤들

요한복음 6장에서 15장까지는 예수님이 자신을 가리켜 '나는 ☐ 다' (I am sayings)라고 선포하는 말씀들이 이어지는데, 이것은 세 공관복음 과 다른 요한복음만의 특징이기도 하다.

예수께서 이르시되 나는 생명의 떡이니 내게 오는 자는 결코 주리지 아니할 터이요 나를 믿는 자는 영원히 목마르지 아니하리라 _요 6:35

예수께서 또 말씀하여 이르시되 나는 세상의 빛이니 나를 따르는 자 는 어둠에 다니지 아니하고 생명의 빛을 얻으리라 _요 8:12

내가 세상에 있는 동안에는 세상의 빛이로라 _요 9:5

내가 문이니 누구든지 나로 말미암아 들어가면 구원을 받고 또는 들어가며 나오며 꼴을 얻으리라 _요 10:9

나는 선한 목자라 선한 목자는 양들을 위하여 목숨을 버리거니와 _요 10:11

예수께서 이르시되 나는 부활이요 생명이니 나를 믿는 자는 죽어도 살겠고 _요 11:25

예수께서 이르시되 내가 곧 길이요 진리요 생명이니 나로 말미암지

않고는 아버지께로 올 자가 없느니라 _요 14:6

나는 참 포도나무요 내 아버지는 농부라 _요 15:1

예수님은 이 선포들을 뜬금없이 무턱대고 남발하신 것이 아니다. 유대인들의 명절인 '절기'라고 하는 시간적 배경에 맞게 메시아로서의 예수님의 정체성을 선포하심으로 메시지의 효과를 극대화한 것이다. 예수님이 공생애 사역에서 행하신 기적들 가운데 메시아로서 자신의 능력을 가장 극적으로 보여 준 사건이 요한복음 11장에 나오는 죽은 지 나흘된 나사로를 다시 살려 낸 사건이다. 이 사건은 곧 임박할 예수님 자신의 죽음과 부활을 예표한 사건이다.

죽은 나사로를 살려 낸 기적은 '죽음'이라고 하는 인간이 도저히 극복할 수 없는 장애물을 가볍게 뛰어넘은 사건으로, 당시 사회에 엄청난 파장을 불러일으켰다. 결국 이 사건은 예수님 당시 대제사장이던 가야바를 중심으로 한 종교적 기득권층들이 예수님을 죽이기로 결심하게 된 결정적인 계기가 되었다. 로마의 압제하에 있던 당시의 유대 땅에서는 메시아적 열망이 로마에 대한 반정부 투쟁으로 이어지는 사례가 종종 발생했다. 이들은 예수님을 희생양 삼아 유대 국가 전체의 안위를 도모하는 쪽으로 의견 일치를 본 것이다.

그 중의 한 사람 그 해의 대제사장인 가야바가 그들에게 말하되 너희가 아무 것도 알지 못하는도다 한 사람이 백성을 위하여 죽어서

온 민족이 망하지 않게 되는 것이 너희에게 유익한 줄을 생각하지
아니하는도다 하였으니 _요 11:49-50

죽은 나사로를 살리시기 전에 예수님은 자신을 마중나온 마르다에게
놀라운 선포를 하셨다.

예수께서 이르시되 나는 부활이요 생명이니 나를 믿는 자는 죽어도
살겠고 무릇 살아서 나를 믿는 자는 영원히 죽지 아니하리니 이것을
네가 믿느냐 _요 11:25-26

예수님이 자신을 '부활과 생명'으로 선포하신 장소는 다름 아닌 베다
니란 동네가 위치한 감람산이었다. 아울러 시간적으로 '수전절'이라고 하
는 유대인의 절기가 지난 지 얼마 되지 않은 겨울이었다. 그렇다면 감람
산과 수전절이라고 하는 공간적, 시간적 배경은 예수님이 선포하신 '부
활과 생명'의 메시지와 어떻게 연결되는 것일까?

🫖 수전절, 칠흑같이 어두운 영적 겨울에서 살아남기

요한복음 11장의 죽은 나사로를 살려 낸 놀라운 이야기는 이렇게 시
작된다.

어떤 병자가 있으니 이는 마리아와 그 자매 마르다의 마을 베다니에 사는 나사로라 _요 11:1

11장 전체 이야기를 살펴보아도 유대인의 명절인 '절기'와 관련된 언급은 전혀 나오지 않는다. 그러나 11장이 바로 앞장인 10장과 이어지기 때문에 10장 또한 면밀히 살펴야 하는데, 10장 후반부에 분명히 '수전절'이라고 하는 절기를 언급하고 있다.

예루살렘에 수전절이 이르니 때는 겨울이라 예수께서 성전 안 솔로몬 행각에서 거니시니 _요 10:22-23

수전절은 '절기장'인 레위기 23장에 언급되지 않으므로, 모세오경 시대에 속하지 않은 비교적 후대에 만들어진 절기다. 레위기 23장의 7대 절기에 비해 영적인 중요성이 떨어질 수는 있지만, 요한복음 11장의 이해를 위해서는 반드시 수전절에 대한 배경 지식이 필요하다. 더구나 예수님이 수전절의 절기를 지키기 위해 예루살렘 성전을 찾으신 것을 볼 때 그 중요성을 함부로 판단할 수 없다.

수전절이 제정된 역사적 배경

수전절과 관련된 역사적 이야기는 '신구약 중간사'에 속하는 마카베오 왕조의 출범을 알아야 하기 때문에 별도의 설명이 필요하다. 가톨릭의 공동번역 성경이 수전절의 배경이 되는 '마카베오서'를 포함하는 데 반해

개신교는 구약성경을 '말라기'로 끝내 개신교 성도들은 신구약 중간사에 대한 배경 지식이 부족하다.

수전절은 기원전 164년, 유대 달력으로 키슬레브월(12월경) 25일에 일어난 성전 정화 사건을 기념해서 제정된 절기다. 3년 전인 기원전 167년, 같은 날짜인 키슬레브월 25일을 기점으로 전 유대 땅에서 유대인들의 정체성을 보여 주는 할례와 안식일의 준수가 금지되고 성전에서는 매일 드려지던 상번제가 강제로 폐해졌다. 대신 성전에 제우스 신의 제단이 세워지고 유대인들이 가장 혐오하는 동물인 돼지가 희생제물로 바쳐졌다. 이로써 다니엘의 예언이 부분적으로 성취된 것이다.

> 군대는 그의 편에 서서 성소 곧 견고한 곳을 더럽히며 매일 드리는
> 제사를 폐하며 멸망하게 하는 가증한 것을 세울 것이며 _단 11:31

이런 참람한 일을 무력으로 강행한 사람은 당시 유대 땅을 다스리던 시리아의 안티오코스 4세(기원전 175~163년)였다. 헬라 사상으로 자신이 다스리던 넓은 영토를 이념적으로 통일하기 원했던 그는, 고대 세계에서는 전례가 없던 종교적 강압 정책을 펼치다가 유대인들의 강력한 반발을 초래하게 된다. 결국 마카베오 가문을 중심으로 일어난 3년간의 혁명으로 인해 시리아에 의해 더럽혀진 성전은 다시 회복되었고 마카베오 통치자들을 통해 성전은 정화되어 다시 '재봉헌'(rededication)되었다. 이날을 기념해서 제정된 절기가 '성전 봉헌절' 또는 '수전절'이다.

성전을 회복한 마카베오 가문이 성전 촛대의 불을 밝히고 있다

수전절과 겨울

요한복음 저자는 수전절과 함께 '겨울'이라는 언급을 의도적으로 하고 있다.

예루살렘에 수전절이 이르니 때는 겨울이라 _요 10:22

수전절과 겨울은 무슨 관련이 있는 걸까? 수전절이 있는 키슬레브월(12월) 25일은 분명 계절적으로 겨울의 한복판이다. 그러면 이런 단순한 사실, 굳이 말하지 않아도 누구나 다 아는 사실을 언급한 이유는 뭘까? 이는 단순한 계절적인 겨울을 넘어서 '영적인' 겨울을 표현하려는 것이다. 수전절의 배경이 된 마카베오 혁명은 예수님이 사역하시던 당시에서 불과 190년 정도 전에 일어난 일이었다. 당시는 안티오코스 4세의 종교 탄압으로 인해 유대인으로서는 가장 칠흑 같은 어둠과 죽음의 시간, 즉 '영적인 겨울'이었던 것이다.

수전절과 솔로몬 행각

바로 그러한 수전절의 겨울에 예수님은 성전에 나타나셔서 솔로몬 행각을 거니셨다. 예수님은 왜 굳이 솔로몬 행각을 거니셨을까? 솔로몬 행각은 마카베오 혁명을 일으킨 마카베오 가문과 관련된 곳이다. 예수님이 거니신 성전의 뜰은 헤롯 대왕(기원전 37~4년)이 대규모로 확장한 것이었다. 헤롯은 원래 정방형의 '마카베오 성전 뜰'을 남쪽, 북쪽, 서쪽 방향으로 확장했는데, 유일하게 헤롯의 손이 닿지 않은 곳이 동쪽이었다. 동쪽으로 성전 뜰을 넓힐 수 없었던 이유는 가파르게 움푹 파인 기드론 골짜기 때문이었다. 솔로몬 행각은 헤롯의 손이 닿지 않은 동쪽을 따라 늘어선 행각으로서, 원래의 마카베오 성전 뜰에 위치했다. 예수님은 아마도 수전절에 솔로몬 행각을 거니시면서 마카베오 가문의 주도하에 일어났던 성전 정화 사건을 묵상하셨는지도 모른다. 왜냐하면 성전 정화를 한 지 불과 200년도 채 지나지 않았지만 예수님이 거니신 성전은 다시 한 번 대대적인 정화 작업이 필요할 만큼 극도로 타락했기 때문이다.

수전절과 병든 나사로

수전절에 성전에 나타나신 예수님은 이후 종교 지도자들의 손을 피해 요단 강 건너편 베뢰아 지방으로 잠시 피신하셨다.

그들이 다시 예수를 잡고자 하였으나 그 손에서 벗어나 나가시니라 다시 요단 강 저편 요한이 처음으로 세례 베풀던 곳에 가사 거기 거하시니 _요 10:39-40

그리고 며칠이 지났을까? 예루살렘 동쪽의 베다니에 살던 나사로가 병이 들었다. 수전절이 지난 후이므로 나사로가 병이 든 때는 1월경이었을 것이다. 현대 이스라엘에서도 가장 추운 때가 1월이다. 비록 영하의 날씨로 내려가지는 않지만 난방 없이는 버티기 힘든 날씨가 계속된다. 노인과 어린이들처럼 면역력이 약한 사람들이 많이 죽어 1년 중 가장 사망률이 높은 때가 1월이다. 이들의 주된 사인(死因)은 폐렴과 그로 인한 합병증이다.

　나사로도 아마 추운 겨울 날씨로 인해 폐렴으로 시름시름 앓았는지도 모른다. 오늘날처럼 항생제가 있는 것도 아니고 자칫 합병증으로 넘어가면 쉽게 목숨을 잃었던 것이 성서시대 의료 수준이었을 테니 말이다. 수전절이 지나고 한겨울의 날씨를 견디지 못하고 나사로가 병들었다. 이런 나사로의 상태는 로마의 압제하에 고통당하며, 더 나아가 성전을 중심으로 한 종교적 기득권 세력인 제사장들의 타락으로 인해 국가 이스라엘이 영적으로 죽어 가던 상황과 너무도 흡사하지 않은가?

🏺 예수님은 왜 나사로가 죽은 지 4일 만에 나타나셨을까?

　예수님은 요단 강 동편 베뢰아 지방에 머물고 계셨는데, 나사로의 누이들은 예수님께 사람을 보내 심방을 요청했다.

> 이에 그 누이들이 예수께 사람을 보내어 이르되 주여 보시옵소서 사랑하시는 자가 병들었나이다 하니 _요 11:3

　예수님이 계신 베뢰아 지방에서 나사로가 사는 베다니까지는 빠른 걸음으로 가면 하룻길에 닿을 수 있는 거리였다. 그러나 예수님은 이틀을 더 지체하셨고 결국 나사로에게 나타난 것은 그가 죽은 지 이미 4일이 지난 후였다.

나사로가 병들었다 함을 들으시고 그 계시던 곳에 이틀을 더 유하
시고 _요 11:6

그 후에 제자들에게 이르시되 유대로 다시 가자 하시니 _요 11:17

예수님은 왜 나사로가 죽은 지 '4일 후'에 나타나신 걸까? '죽은 지 4
일 후'는 죽은 나사로를 살려 내는 기적을 위해 꼭 필요한 시간이었다.
유대인들은 한국처럼 3일 정도 지나서 장례를 하는 게 아니라, 죽은 당
일 바로 장례를 지냈다. 성서시대에는 혼수 상태와 중풍과 같이 맥이 약
해지면 죽은 줄 알고 그냥 묻어 버리는 경우가 종종 있었고, 그래서 간혹
무덤에서 시체가 살아 나오기도 했다고 한다.

당시 뇌사, 일시적 혼수와 같은 복잡한 상황을 판정할 만한 의료기기
가 없었기 때문일 것이다. 그래서 당시의 랍비 문헌에 의하면, 비록 죽은
당일 장례를 지내지만 죽은 지 4일이 지나야 '완전한 죽음'으로 선포했
다. 그러니까 예수님은 당시 나사로의 죽음이 확실해질 때까지 의도적으
로 지체하셨던 것이다. 만약 죽자마자 바로 오셔서 나사로를 살리셨다
면 종교 지도자들이 나사로가 잠시 혼수 상태에 빠졌다가 깨어난 것으
로 주장할 수 있기 때문이다. 예수님은 하나님의 영광이 완벽하게 드러
날 때까지 인내하고 또 인내하셨다.

예수께서 들으시고 이르시되 이 병은 죽을 병이 아니라 하나님의 영
광을 위함이요 하나님의 아들이 이로 말미암아 영광을 받게 하려 함
이라 하시더라 _요 11:4

나사로 가정과 예수님의 특별한 관계는 문맥을 통해 충분히 파악할
수 있다. 나사로의 누이는 예수님께 사람을 보내면서 특별한 말을 남기
지 않았다. 그저 "주여, 사랑하시는 자가 병들었나이다"라고 전하면 충
분했다. 그러면 당연히 예수님이 쏜살같이 달려오셔서 치유의 권능으로
오라버니를 낫게 해 주실 것이라 믿었기 때문이다. 당시 종교 당국자들
이 예수님의 행방을 찾지 못한 것과 달리, 나사로의 누이들은 예수님이
요단 동편 어디에 머물고 계시는지도 정확히 알고 있었다.

그들은 자신들을 향한 예수님의 특별한 사랑을 믿었고, 그래서 '나사
로가 병들었다'고 말하지 않고 '주의 사랑하시는 자가 병들었다'고 말한
것이다. 그것이 사실이라면 나사로가 죽은 지 4일까지 지체하신 예수님
의 마음은 어떠했을까? 사랑하는 사람이 죽어 가는데 가지 못하는 예수
님의 마음은 더 애간장이 끊어질 듯했을 것이다. 예수님은 하나님의 영
광이 드러날 수 있는 시간을 위하여 애끓는 마음을 다스려 가면서 4일을
지체하신 것이다.

🪔 감람산, 부활과 생명의 산

의도했던 날짜가 지나자 예수님은 베다니로 향하셨다. 마르다는 예수님이 오신다는 말을 듣고 허겁지겁 예수님을 맞으러 나갔다.

> 마르다는 예수께서 오신다는 말을 듣고 곧 나가 맞이하되 마리아는 집에 앉았더라 _요 11:20

마르다가 예수님을 맞기 위해 기다린 곳은 어디일까? 이곳은 아마도 '엔 세메스'일 것이다. 요단 동편의 베뢰아 지방에서 오시는 예수님은 여리고를 거쳐 험준한 유대 광야의 계곡을 올라오셔야 했다. 그러면 감람산 위에 있는 엔 세메스를 지나 몇 개의 마을들이 나타난다. 여기서 서쪽으로 더 올라가면 벳바게를 거쳐 예루살렘으로 빠지고, 남쪽으로 내려가면 나사로의 집이 있는 베다니가 나온다. 엔 세메스는 바로 그 교차점에 있는 샘이었다. 예수님이 요단 동편의 베뢰아에서 오신다면 반드시 지나갈 수밖에 없는 그곳에서 마르다는 예수님 일행을 기다리고 있었다. 엔 세메스는 유다 지파와 베냐민 지파의 경계를 나눌 때 등장하는 곳이다.

> 또 아골 골짜기에서부터 드빌을 지나 북쪽으로 올라가서 그 강 남쪽에 있는 아둠밈 비탈 맞은편 길갈을 향하고 나아가 엔 세메스 물들을 지나 엔로겔에 이르며 _수 15:7

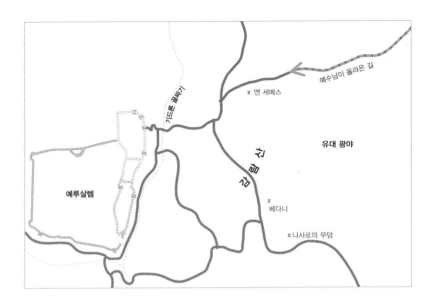

감람산 위에 있는 샘인 엔 세메스, 바로 그곳에서 마르다는 예수님을 기다렸고, 그곳에서 오라버니가 죽고 나서 한참 후에 오신 예수님을 향해 불평을 늘어놓았다. 예수님은 마르다의 불평하는 입을 막으며 놀라운 선포를 하셨다.

> 예수께서 이르시되 나는 부활이요 생명이니 나를 믿는 자는 죽어도 살겠고 무릇 살아서 나를 믿는 자는 영원히 죽지 아니하리니 이것을 네가 믿느냐 _요 11:25-26

예수님이 부활이요 생명으로 자신을 선포하신 '시간'은 수전절이 지난 며칠 후였고, '장소'는 감람산 위에서 이루어졌다. 예수님은 왜 감람산 위에서 놀라운 선포를 하신 걸까? 그저 자신을 기다리던 마르다가 불평을 하면서 치근덕거리는(?) 바람에 얼떨결에 천기를 누설하신 걸까? 예수님이 서 계신 감람산은 '부활과 생명'과 무슨 관련이 있는 것일까?

> 마르다가 예수께 여짜오되 주께서 여기 계셨더라면 내 오라버니가 죽지 아니하였겠나이다 _요 11:21

유대인들에게 예루살렘 동쪽에 있는 감람산은 죽은 생명을 살리는 하나님의 능력을 상징하는 산이다. 이러한 유대인들의 사고는 선지자 스가랴의 예언을 통해서도 잘 나타난다.

> 그날에 그의 발이 예루살렘 앞 곧 동쪽 감람산에 서실 것이요…… _슥 14:4

메시아가 오시면 그의 발이 예루살렘 동쪽에 있는 감람산 위에 서리라는 스가랴의 예언은 부활과 생명을 상징하는 감람산에 대한 유대인들의 오래된 믿음에서 나온 표현이다.

지금도 감람산 비탈에는 죽은 후의 부활을 소망하는 수많은 주검들이 묻혀 있다. 감람산 비탈을 가득 메운 이 무덤들은 감람산에 대한 유대인의 뿌리 깊은 믿음을 증거한다. 죽은 생명을 살리는 하나님의 능력을 상징하는 감람산 위에서, 예수님은 자신을 부활이요 생명으로 선포하심으로 메시지의 효과를 극대화하신 것이다.

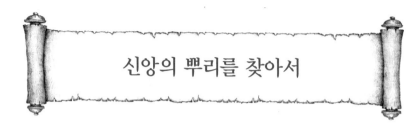

신앙의 뿌리를 찾아서

《열린다 성경》시리즈가 이어지면서, 매번 다음번에 다룰 주제를 책의 뒷날개에 '근간'으로 밝히고 있다. 드라마가 다음 회의 예고편을 살짝 보여 주는 데서 힌트를 얻은 것이다. 독자들에게 기대감도 주고, 원고를 준비하는 나에게도 "게으르지 말고 열심을 품고"(롬 12:11) 자료를 모으며 독자들과 한 약속을 지키도록 하는 채찍질이 되어 주었다.

책의 내용을 주제로 세미나를 하면서 다양한 독자 분들을 만나고 교제의 폭을 넓힐 수 있었던 것은, 책 출간 이후 하나님께서 내게 덤으로 주신 놀라운 복이다.

그런데 나는 의외로 많은 분들이 '절기'에 대해 지대한 관심을 갖고 있음을 알고 깜짝 놀랐다. '식물'이나 '광야'와 달리 '절기'라는 주제는 평신도들의 눈높이에는 맞지 않다고 생각했기 때문이다. 아무래도《열린다 성경》을 읽는 독자 분들은 유대인들의 문화에 대해 어느 정도 관심과 상식을 지니신 분들이고, 그런 분들에게서 나온 피드백이라서 그런 것이겠거니 생각했다. 그럼에도 마음속 깊은 곳에서 올라오는 흐뭇함으로 인해 내 얼굴에 자연스레 미소가 머금어졌다.

"이 얼마나 놀라운 현상인가! 이것을 보고 하나님이 얼마나 기뻐하실까!"

절기에 관심을 갖는 게 하나님이 기뻐하실 일이라고 하면, "갑자기 웬 뚱딴지 같은 말이냐"고 따질 분들이 있을지 모르겠다. 하지만 유대인과 기독교인 사이에 있었던 아픔과 갈등의 역사를 돌아볼 때, 이는 분명 바람직하고 건강한 영적인 흐름이다.

중세 시대에 반유대주의가 극성을 부려 유대인들을 강제로 개종시킨 일이 있다. 이때 유대인 개종자들이 기독교인들 앞에서 '울며 겨자 먹기 식으로' 고백해야 했던 내용은 사뭇 충격적이다.

나는 더러운 유대적인 미신으로 다시는 돌아가지 않을 것이다. 나는 과거에 내가 중독되어 있던 유대적 의식의 직분을 행하지 않을 것이다. 나는 유대의 율법에서 정한 모든 풍습과 제도를 거부한다. 한마디로 난 유대적인 것은 무엇이든지 다 거부한다.

기독교인들이 유대인들을 강제 개종시키면서 억지로 부인하게 만든 것은 '유대적인 미신', '유대 율법이 정한 풍습과 제도'들이다. 이것을 쉽게 표현한다면, 안식일에 촛불을 켜고, 무교절에 무교병을 먹고, 나팔절에 양각 나팔을 불고, 대속죄일에 금식을 하는 모든 행위들을 더 이상 못하도록 강제한 것이다. 현대 그리스도인들로서는 절대 믿지 않는 이런 일들이 중세에는 버젓이 행해졌다. 그리고 이를 어기는 자는 모두 이단자로 정죄되어 종교재판으로 불리는 마녀사냥의 희생양이 되었다.

당시에 유대인들은 기독교로 개종하기 위해서 유대적인 모든 것을 버려야 했다. 하지만 사도행전 15장에 나오듯이, 유대인들이 대다수를 차지하던 초대교회에서는 소수의 이방인들이 교회 공동체로 들어오기 위해서 유대인처럼 될 것을 강요하지 않았다. 즉 할례 없이도 교회 공동체의 일원이 될 수 있는 길을 공식적으로 열어 주었다. 하지만 이방인들이 대다수를 차지하던 중세 이후의 교회에서는 소수로 전락한 유대인들에게 교회 공동체로 들어오기 위해 그들이 갖고 있던 모든 유대적 뿌리를 송두리째 부인할 것을 강요했다.

나는 '절기 이야기'를 읽은 독자에게 고민 거리 한 가지를 던져 주고 싶다.

"과연 좋은 크리스천이 되려면 모든 '유대적인' 뿌리와 전통을 버려야 할까?"

여기서 '유대적인'이란 '구약성경에 언급되는'이란 말과 같은 의미다. 유대인들은 신약성경을 인정하지 않고 구약성경만 인정한다. 하지만 기독교인들은 구약성경을 뿌리로 한 신약성경을 함께 인정한다. 우리가 '유대적인'이란 말로 '구약성경에 언급되는' 것들을 송두리째 부인한다면, 우리의 신앙은 일순간에 '공중에 붕 떠 있을' 수밖에 없다.

'성경'은 이스라엘 땅을 배경으로 이스라엘 민족이 써 내려간 유대적인 책이다. 하지만 이후에 펼쳐진 '교회사'는 이스라엘을 떠나 로마, 유럽, 영국, 미국 등을 거치며 이질적인 문화들이 덧입혀지면서 본래의 유대적인 뿌리가 많이 퇴색되었다.

그런 면에서 요사이 불고 있는 '백 투 예루살렘' 열풍은 우리로 하여금 신앙 본연의 뿌리로 돌아가도록 돕는 건강한 영적 흐름이라고 하겠다. '뿌리'에 관심을 갖는 것은 무척 성경적인 것이다. 구약성경의 첫 권인 '창세기'는 히브리어로 '처음에'(베뢰쉬트)이며, 신약성경의 첫 권인 '마태복음' 은 메시아의 뿌리를 찾는 '족보'에서 시작하고 있다.

해외 입양아들은 자신의 뿌리인 부모를 만나기 위해 이역만리 고국을 찾곤 한다. 이것은 그가 성장하고 철이 들었음을 보여 주는 반증이다.

부활절, 크리스마스 등 교회력에만 익숙한 우리들이 '유대적인' 절기에 관심을 갖는 것도 동일한 현상으로 이해해야 한다. 우리의 신앙이 그만큼 성숙하고 철이 들었다는 것을 반증하는 증거다.

오늘날 이스라엘에 사는 많은 유대인들은 메시아를 기다리고 있다. 소수에 불과하지만 우리들처럼 예수님을 메시아로 믿는 유대인들도 있다. 이스라엘을 여행하다가 간혹 이런 유대인들을 만나면 너무 반가운 나머지 짧은 영어로나마 이렇게 물어 보는 분들이 있다.

"아 유 크리스천(Are you Christian)?"

그러면 유대인은 정색을 하며 이렇게 대답한다.

"노우, 아이 앰 낫 어 크리스천, 아이 앰 어 빌리버(No, I am not a Christian. I am a believer)."

유대인들에게 '크리스천'이란 말은 모든 유대적인 뿌리를 부인하고 기독교인이 된 사람을 의미한다. 반면 이들은 자신들의 정체성을 '빌리버' (believer)라는 말 속에서 찾는다. 이들은 예수님을 메시아로 믿지만 유대적인 전통을 따라서 레위기에 나오는 음식 정결법을 지키고, 모든 유대적인 절기를 지킨다.

할례자는 할례자로서 예수님을 믿고, 무할례자는 무할례자로서 예수님을 믿는 것이 성경적인 믿음의 원칙이다.

> 할례자로서 부르심을 받은 자가 있느냐 무할례자가 되지 말며 무할례자로 부르심을 받은 자가 있느냐 할례를 받지 말라 _고전 7:18

하지만 이런 기본적인 진리를 깨닫는 데 우리의 신앙 선배들은 너무나 오랜 시간 동안 시행착오를 했던 것 같다.

이스라엘 땅에서 믿음과 함께 유대적인 전통을 지키며 살아가는 믿는 유대인들의 이야기, 메시아로 오신 예수님을 아직도 보지 못하고 여전히 메시아를 애타게 기다리는 유대인들의 이야기를 다루고 있는 〈이스라엘 투데이〉에 많은 성도 분들이 관심 가져 주었으면 좋겠다(문의 575-1020). 이 잡지를 통해 우리의 신앙의 뿌리를 찾는 대여정과 진지한 탐색이 시작될 것이라 믿기 때문이다.

참고문헌

Ariel, Israel & Richman, Chaim. *Carta's Illustrated Encyclopedia of the Holy Temple in JERUSALEM*, Jerusalem: Carta, 2005.

Ben-Dov, Meir. *Carta's Illustrated History of Jerusalem*, Jerusalem: Carta, 2002.

Edersheim, Alfred. *The Temple, It's Ministry and Services*, Jerusalem: Hendrickson Publishers, 2006.

Ritmeyer, Leen. *The Quest, Revealing the Temple Mount in Jerusalem*, Jerusalem: Carta, 2006.

Berman, Joshua. *The Temple, Its Symbolism and Meaning Then and Now*, Northvale: Jason Aronson Inc, 1995.

Garrard, Alec. *The Splendor of the Temple,* Singapore: Moat Farm Publication, 1997.

Kitov, Eliyahu. *The book of Our Heritage,* Jerusalem: Feldheim Publishers, 1997.

Fleming, James W. *The Context of Holy Week,* Jerusalem: Biblical Resources, 1998.

Fleming, James W. *The Gospels and the Feast of the Land,* Jerusalem: Biblical

Resources, 1999.

Fleming, James W. *The Last Supper,* Jerusalem: Biblical Resources, 2002.

Cantrell, Ron. *The Feasts of the Lord,* Jerusalem: Art Plus, 1999.

Pixner, Bargil. *With Jesus in Jerusalem,* Jerusalem: Corazin, 2005.

Pixner, Bargil. *With Jesus through Galilee according to fifth Gospel,* Jerusalem: Corazin, 2005.

Pilch, John J. *The Cultural Dictionary of the Bible,* Collegeville: The Liturgical Press, 1999.

Hareuveni, Nogah. *Nature in Our Biblical Heritage,* Jerusalem: Neot Kedumim, 1980.

강문호, 『성막으로 성경을 말한다』, 서울: 한국가능성계발원, 1998.

최명덕, 『유대인 이야기』, 서울: 두란노, 1999.